湛庐文化 Cheers Publishing

a mindstyle business

与 思 想 有 关

Mars One

火星移民指南

[美] 诺伯特 · 克莱弗特（Norbert Kraft）
[荷] 詹姆斯 · 卡斯（James R. Kass） ◎ 编著
[加] 雷伊 · 卡斯（Raye Kass）

郑永春　门雪洁 ◎ 译

HUMANITY'S NEXT GREAT ADVENTURE

Inside the First Human Settlement on Mars

浙江人民出版社
ZHEJIANG PEOPLE'S PUBLISHING HOUSE

SCIENTIFIC LITERACY SERIES

湛庐文化“科学素养”专家委员会

寄语

科学伴光与电前行，引领你我展翅翱翔

欧阳自远

天体化学与地球化学家，中国月球探测工程首任首席科学家，中国科学院院士，
发展中国家科学院院士，国际宇航科学院院士

当雷电第一次掠过富兰克林的风筝到达他的指尖；
当电流第一次流入爱迪生的钨丝电灯照亮整个房间；
当我们第一次从显微镜下观察到美丽的生命；
当我们第一次将望远镜指向苍茫闪耀的星空；
当我们第一次登上月球回望自己的蓝色星球；
当我们第一次用史上最大型的实验装置 LHC 对撞出“上帝粒子”；
……

回溯科学的整个历程，今时今日的我们，仍旧激情澎湃。

对科学家来说，几个世纪的求索，注定是一条充斥着寂寥、抗争、坚持与荣耀的道路：

我们走过迷茫与谬误，才踟蹰地进入欢呼雀跃的人群；
我们历经挑战与质疑，才渐渐寻获万物的部分答案；
我们失败过、落魄过，才在偶然的一瞬体会到峰回路转的惊喜。

在这泰山般的宇宙中，我们注定如愚公般地“挖山不止”。所以，

不是每一刻，我们都在获得新发现。
但是，我们继续。
不是每一秒，我们都能洞悉万物的本质。
但是，我们继续。

我们日日夜夜地战斗在科学的第一线，在你们日常所不熟悉的粒子世界与茫茫大宇宙中上下求索。但是我们越来越发现，虽这一切与你们相距甚远，但却息息相关。所以，今时今日，我们愿把自己的所知、所感、所想、所为，传递给你们。

我们必须这样做。

所以，我们成立了这个“科学素养”专家委员会。我们有的来自中国科学院国家天文台，有的来自中国科学院高能物理研究所，有的来自国内物理学界知名学府清华大学、北京师范大学与中山大学，有的来自大洋彼岸的顶尖名校加州理工学院。我们汇集到一起，只愿把最前沿的科学成果传递给你们，将科学家真实的科研世界展现在你们面前。

不是每个人都能成为大人物，但是每个人都可以因为科学而成为圈子中最有趣的人。

不是每个人都能够成就恢宏伟业，但是每个人都可以成为孩子眼中最博学的父亲、母亲。

不是每个人都能身兼历史的重任，但是每个人都可以去了解自身被赋予的最伟大的天赋与奇迹。

科学是我们探求真理的向导，也是你们与下一代进步的天梯。

科学，将给予你们无限的未来。这是科学沉淀几个世纪以来，对人类最伟大的回馈。也是我们，这些科学共同体里的成员，今时今日想要告诉你们的故事。

我们期待，

每一个人都因这套书系，成为有趣而博学的人，成为明灯般指引着孩子前行的父母，成为了解自己，了解物质、生命和宇宙的智者。

同时，我们也期待，

更多的科学家加入我们的队伍，为中国的科普事业共同贡献力量。

同时，我们真诚地祝愿，

科技创新与科学普及双翼齐飞！中华必将腾飞！

欧阳自远

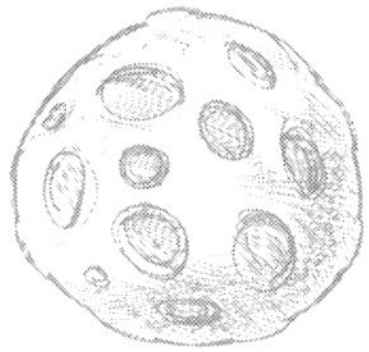

MARS ONE

推荐序

火星，下一个生存之地

杰拉德·特·胡夫特（Gerard't Hooft）

荷兰理论物理学家，诺贝尔物理学奖获得者

有个年轻人与我的秘书预约，说想要与我见面，经同意后来到我的办公室。他听说我对科学与科幻的未来应用很感兴趣，恰巧他和几个朋友对这个领域有些大胆的想法，所以就想给我讲一讲，看看我怎么说。

要是你像我一样在这个新兴科学领域做研究的话，你就会发现，总会有人带着“新点子”来找你。这些点子确实“新颖”，又是原创，但都是些不切实际的空想，完全与现实脱节。这大多是因为这些人孤陋寡闻、见识浅薄，对真正的科技知之甚少。我与这些人也没什么共同语言，虽然这些点子让他们激动不已，但我只能建议他们，在找我之前，多了解一些专业人士对这些点子的看法。

现在，我面前就站着这么一个人，滔滔不绝地谈论着人类移民火星的设想。他说，他计划将新移民分期、分批地从地球运输到火星，每批 4 人，每次历时约 7 个月；抵达火星后，他们将竭尽所能地存活下去。而这些人就不要想着再返回地球了，反正人类历史会为他们记下光辉的一笔。

谈话日期：2012 年 4 月 27 日

谈话对象：巴斯·朗斯多普 ①

“移民火星所需的基础科学知识都是现成的，唯一需要的就是多通过研究把它们整合到一起，然后再把现有的航天器进行升级和全面检验。”他这样对我说。据他估算，运送第一批移民需要 10 年的准备时间，预算约需 600 万美元。

在我看来，即使朗斯多普提出的想法并未违背任何科学常识，这一切也太不现实了。理论上是可行的，但从计算的数据来看，10 年？ 600 万美元？我不得不说：“你是不是少算了一个零啊？！”造一台大型粒子加速器已经耗费不低，几乎与铁路建设工程的花费相当，而研发军用飞机的投资就更加高昂了。

然而，朗斯多普确信自己的计算没有问题。可以说，他的估计过于乐观；一旦计划有变，不但战线要拖很长，耗资也会加大。他对此表示：“我们是一家私企，不涉及政府审批，也不参与政治纠纷，所以很容易就能达成一致。”

听起来确实没什么问题，不过我总觉得他太过乐观。我想从朗斯多普的话里找出破绽，告诉他这全是一些假大空的构想，但他没给我这样的机会。他考虑了所有重要问题。比如，从地球飞往火星的这 7 个月里，航天员在航天器里怎么生活？载人航天器怎样在火

① 巴斯·朗斯多普（Bas Lansdorp），“火星一号”计划创始人之一，荷兰机械工程师。——译者注

星表面着陆？着陆后，如何为火星移民提供水源、能源、食物以及持久的大气环境？火星移民如何与地球上的控制中心通信？怎样保护他们免遭宇宙辐射、高能太阳风暴，以及常见尘暴和有毒物质的侵害？这群新移民怎样度过仪器故障、生病就医、生命必需物资匮乏等种种危机？

这位年轻人不仅考虑了可能面临的各种问题，还把集资计划做得非常详尽。用他的话来说就是：“这将成为人类最伟大的成就，资金一定会源源不断地涌来。”

虽说这话听起来是乐观了点，但也并非胡言乱语。理论上来讲，人们能克服前往火星途中可能面临的各种困难。朗斯多普的这个念头打动了我：我对他提出的方案很感兴趣。若一切成立的话，人类是可以移民火星的。虽然会历时很久，毕竟研发一艘前往火星的载人航天器，10 年时间是远远不够的，资金需求也肯定不止 600 万美元，但可能性还是存在的。

若人类能飞往火星并在那里定居，那么太阳系的其他天体是否也可以实现移居呢，比如，月球、大的小行星、木星或土星的大卫星，或是外太阳系那些遥远寒冷的星球？

于是我答应朗斯多普：“我可以帮你做引荐，但不能帮你申请资金，因为我没做过你说的那些计算。”这项计划若能落实，时间不是问题。它能带来的科学进步和奇特发现也不可估量。退一步而言，即便“火星一号”未能成功将人类送往火星，这个项目也足以勾起人们对火星的兴趣，引发人们对火星探索相关技术的研究兴趣，从而为最终实现这一目标铺平道路。虽然目前还无法确定人类何时、以何种方法前往火星，但它有朝一日一定会成为现实。

其实，还有很多问题亟待解答。首先，我们需要机器人协助人类工作。也就是说，在人类登陆火星前先派机器人到那里工作。你可能会心存疑虑，机器人能做什么？“火星一号”难道没发现通过机器人去完成任务，可能面临重重困难吗？我们需要的机器人是一种目前还没被研发出来的智能机器人，其研发过程可谓“路漫漫其修远兮”！其次，新移民到火星后会发现周围环境对生存不利，必须依靠自己的聪明才智和先进的技术设备才能勉强生存。他们的住所也要覆盖厚厚的泥土以阻挡宇宙辐射，否则他们将难以自保。

通常情况下，大家都会问：人类移民火星对科学进步有什么帮助？不少科学家认为这种航天工程费钱、费力，而用机器人来解决这些问题既省钱又高效。诚然，如今许多科学问题都可以用机器人来协助探索，但人们最初对其他行星、月球如此感兴趣，不就是因为我们怀着渺茫的希望，期待有朝一日在其他星球上定居吗？

在我看来，载人探索太阳系本身，就是一项令人拍案叫绝的科学实验。在那些目前荒无人烟的星球上，人类能否创建一个与地球相似的可持续的生态系统？若是成功了，那个生态系统将如何发展？智人会再度进化吗？他们会不会团结一心，共同抵御外界威胁？要是真的有灾难降临，人类能否坚强地生存下去？我们究竟能进行到哪一步？机器人是否可能代替人类，殖民这些星球？

我支持推广“火星一号”计划，因为它堪称同类任务的鼻祖。与其他民间科学家提出的想法相比，这个设想十分超前。或许一开始它未必会成功，但无论出现了哪些错误，都对今后的探索具有指导意义。

《火星移民指南》是记载这个计划的图书之一，详细叙述了火星新移民将遇到的种种困难以及应对策略。火星移民不仅需要空气、食物、水源、宜居条件，还要有克服社交困难、工作压力、孤独感以及可能出现的其他困难的坚强意志。火星移民一定要坚持不懈、顽强抗争，才能克服这些困难。

虽然条件艰苦，但至少有一个好处：第一批火星移民一定会像奥运健儿那样受到万众瞩目，并赢得地球人的钦佩与尊重。他们在火星上的后代，也会因为他们的奋斗和开拓而享誉全球，因为他们是把梦想变成现实的人。

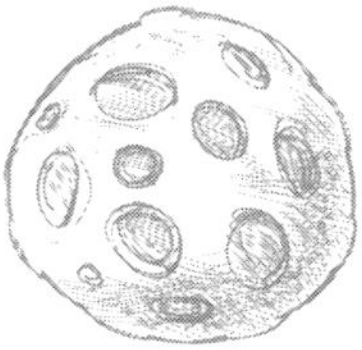

MARS ONE

目录

第三部分 火星移民指南之选拔与训练篇

最后的 100 人，单程票大赢家

第四部分 火星移民指南之未来生活篇
一个全新的21世纪

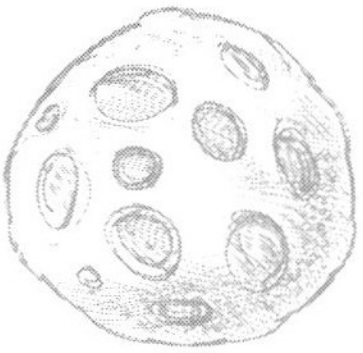

MARS ONE

引言

他们是把梦想变成现实的人

从人类于 1961 年首次发射载人航天器绕地球飞行至今，已经过去了 50 多年。人类登上了月球，并发射了许多探索太阳系内或近或远行星的航天器。然而，人类探索星空的脚步永不停歇，下一个目标直指火星。水是生命之源，而火星是太阳系所有行星中唯一一颗曾经有大量水存在的星球。尽管地球到火星的距离比到月球的距离远得多,但就现在的科技水平而言，载人登陆火星应该不是问题。

为什么要在火星上建立人类定居点？因为这是人类历史的巨大进步，是人类探索宇宙的里程碑。移民火星将帮助我们了解太阳系的起源、生命的起源，以及人类在宇宙中的地位。

载人登陆火星是一场激动人心的冒险。想象一下，人类历史上第一个走出航天器并登陆火星的移民，那种感觉简直难以言表。不但他能亲身感受那种震撼，在地球上关注他一举一动的观众，也都能感同身受。40 多年前看过尼尔 · 阿姆斯特朗（Neil Armstrong）登月的人们，应该至今还清晰地记得当时的点点滴滴，能回忆起他们是在哪里看的，当时身边陪伴的是谁，以及看到那一幕时的感觉如何。这一切将在2030年重现，到时候我们将目睹那神圣的一刻。再想象一下，有朝一日你在离地球数百万公里远的另一颗行星上仰望星空，思考着在这满天闪烁的群星中，曾有一颗是你的故乡，当是何种心情呀！

还有人类那永恒的好奇心。在好奇心的驱使下，研究火星是否有助于理解地球的历史？这颗红色星球是否存在各种生命体？全球各地的科学家都在认真研究，试图回答这些热门问题。

移民火星还有助于其他领域的科技进步，包括资源循环利用、太阳能技术、食物供应技术、医疗技术等。

同时，火星是太阳系中除地球以外最适宜生命生存的行星。火星土壤中含有可提取的水，气温适宜，充足的日照可用于太阳能发电。火星上的重力是地球重力的38%，尽管有点小，但大部分科学家认为，人体是能够适应这种重力变化的。火星的大气层虽然很稀薄，但足以阻挡宇宙辐射和太阳辐射。火星上的昼夜变化也与地球相似，一个火星日长约为24小时39分35秒。

我们再对比一下另外两颗与地球相邻的天体：月球和金星。月球上缺少支撑生命存活的资源，而且月球上的一天相当于地球上的一个月；月球没有大气层，无法阻挡太空辐射。金星则是一个名副其实的地狱：金星上的平均气温超过400℃，大气压相当于地球上900米深海的压强，偶尔还会下起阵阵酸雨；金星上的一夜相当于地球的120天。人类在火星上生存离不开技术的保护，但与金星相比，火星简直就是天堂！

“火星一号”任务的第一步是无人操作任务，目的是在火星上建立宜居环境。第一批4位移民组成的小组将于2030年前往火星。但这4个人移民火星只是伟大征程的第一步，此后的每

26 个月，都将向火星运送一批移民，逐渐在火星上建立定居点。开始时，定居点扩张计划可能由于食物供给、氧气和水的短缺而受限。但后续人员的抵达，将补充新移民生存所需的一切设施，包括新的房舍、太阳能发电板、一些塑料零部件等。移民规模逐渐发展壮大，并慢慢成长为火星新环境的建筑师。

自从“火星一号”计划发布官方消息后，就有大批志愿者报名，希望成为第一批火星移民。截至 2013 年，约 25 万人在网上提交了申请。2015 年 2 月，经过层层筛选后，候选人数削减至 100 名；当时预计在 2016 年将候选人数进一步削减至 24 人。组委会将对候选人进行长达 10 年的全日制正规训练，为移民火星做准备。新移民选拔和训练过程将全程录像并对外发布（如何将申请人从 25 万筛选至 100 人，可参见附录 1）。

本书编者以及“火星一号”选拔委员会的核心人物，将回答首批火星移民的必需技能、长期直播对其生活的影响等问题。我们将分享部分申请人的留言，听他们讲述自己在地球上的生活，以及未来去火星后如何与同伴们和谐共处。

本书采访了 NASA 多位前雇员和航天前辈，希望了解火星新移民在这项挑战中面临的未知变数。前辈们尽其所能地回答了这些问题，发表了他们的独到见解和深刻思考，提供了许多有益信息。编者将采访记录进行整理，并根据这些回答，将本书分为 4 个部分。

- 第一部分，讨论新移民需要掌握的“硬”技能，包括航天器维修保养技术、居住地保护技术，在工具和物资匮乏的情况下，解决不可预测之困难的决心和智慧，必要时进行自我疗伤治病的医学知识、技术和信心，以及保持身体健康、体态良好的方法。

- 第二部分，讨论新移民所需的“软”技能[①]。由于新移民申请人具有不同的文化背景、不同的年龄与性别，因此积极处理复杂的人际关系、促进团队团结显得至关重要。
- 第三部分，主要涉及全程录像拍摄的特定场景、新移民学习和演练各种技能的过程，这些录像资料将向全球发布。我们将讨论全程录像对候选人和全球观众可能产生的影响。
- 第四部分，火星日常生活的设想。火星生活什么样？人们如何打发闲暇时间？这一部分还将讨论移民火星涉及的政治问题和法律问题。

至少有一点是毋庸置疑的：人类有朝一日终将造访火星，先是实现载人绕火星飞行，然后是登陆火星表面，最后甚至实现长期定居。我们必须为此做好准备。本书编者和“火星一号”选拔委员会核心骨干，将带你体验火星冒险之旅的关键阶段。我们不仅希望读者诸君能够享受阅读本书的过程，还希望你们能通过本书，从多维度更深刻、更全面地了解这一挑战！

① “软”技能：激活人力资源的能力，是衡量一个人处理事情能力的量表，即调动其他人的资源和知识的能力，以及调动自己的知识发挥创造性思维的能力。“软”技能的能力值越高，处理事情的能力就越强。——译者注

第一部分

火星移民指南之硬技能篇

修飞船，做手术，你必须样样精通

M导读 ARS ONE

全新的旅程

4名航天员搭乘宇宙飞船开始了火星之旅。他们从地球出发已经几个月了，地球在他们眼中变得像一个高尔夫球那么小。尽管旅途很无聊，但幸好一切顺利，没有发生什么意外。航天员通过维护飞船运行、照料自己，以及回顾和复习各种应急步骤，打发漫长的旅程。

为应对旅途中的突发事件，在离开地球母亲之前，地面专家和航天员们已经把能想到的异常情况都想到了，并已经简要了解并培训了遇到这些情况时的应对策略。当然，他们自己也知道,要预见到所有突发状况是不可能的。但是，他们在复杂的飞船上做了大量技术培训，理论上，他们已经对各项技能有了比较全面的了解，也可以说或多或少都有所了解。没有人能知道所有东西，即便是飞船的内部结构，他们也无法完全掌握。不过到目前为止，一切进展顺利。

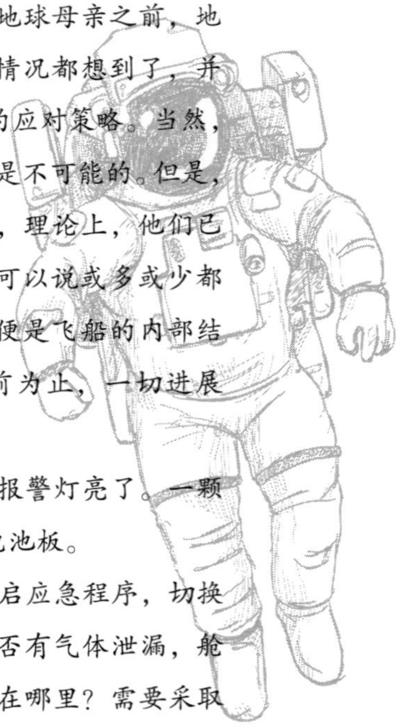

突然，飞船舱内的灯光开始闪烁，报警灯亮了。一颗小陨石撞到了飞船，可能撞坏了太阳能电池板。

航天员立即按照训练过的方法，开启应急程序，切换到低能耗运行状态。然后，迅速检查是否有气体泄漏，舱内压力是否下降。如有泄漏，泄漏部位在哪里？需要采取什么措施，以迅速有效地修复泄漏部位？

火星移民需要掌握哪些技能，才能应对上述可以预见或不可预见的状况呢？答案是，各种技能！航天员不一定都是博士，但必须掌握实用技能，不仅是为了生存，更是为了在新环境中生生不息。

这一部分主要介绍参与火星移民任务的航天员应具备的几项“硬”技能。我们选择了至关重要的三项技能：工程技能，确保航天员具备维护、检修、改进和研发必要装备的能力；医疗技能，确保航天员具备提供常规检查，进行疾病预防和紧急救护，甚至做小手术的能力；保健技能，确保航天员保持健康体魄，出色完成各项任务的能力。

梅森·派克（Mason Peck）博士是“火星一号”的顾问、康奈尔大学锡布利机械与航空航天工程学院（Sibley School of Mechanical and Aerospace Engineering）的一名教授，曾任 NASA 首席技术官，同时也在其他航空航天工业的关键岗位任职过。他在学术研究和工业部门有近 20 年的研发经历，拥有丰富的航天技术经验。在派克博士为本书撰写的第 1 章中，他重点阐述了人类在克服技术难题方面需具备的条件。他根据在宇宙飞行方面的长期经验，介绍了一些难以预料的问题以及如何解决这些问题，预测了第一批火星移民可能需要面对的任务，以及成功完成这些任务所需的技能和工具。

本书第 2 章由“火星一号”科学顾问泰依丝·拉索马诺（Thais Russomano）教授撰写。作为一名医学博士，她在航空航天医疗、太空生理学与医学、生物医学工程以及远程医疗和健康研究等领域，拥有 20 多年的丰富经验。在第 2 章的开篇，拉索马诺教授讨论了太空与火星上恶劣的生存环境，它们对人体的潜在负面影响，以及减轻并预防产生这些影响的方法。她列举了航天员需要掌握的健康监测技能，不论是在飞往火星的旅途中，还是在火星上的日常生活中，航天员如何通过辅助设备，与地球上的专家进行远程医疗诊断，为这些活动提供帮助。这无疑会让读者对我们正在享受的地球环境充满感激。

这一部分的最后即第 3 章，我们请杰米 · 吉尼德（Jamie R. Guined）教授为我们介绍了火星上的保健方法。她担任了 PoSSUM 项目（Polar Suborbital Science in the Upper Mesosphere，极区亚轨道中高层大气探测）① 的主管，并以科学家航天员的身份参加了该项目。这一项目也是全球首个亚轨道载人航天商业项目。吉尼德曾是人体运动学家，在得克萨斯州休斯顿大学约翰逊航天中心主持神经科学实验室工作。

在第 3 章中，吉尼德教授指出，在前往火星的任务中，有关人体健康和行为风险的知识，仍有一些尚未解决的问题。首先，从近地轨道飞行到火星表面是一个巨大的飞跃，她详细解释了这个过程中的生理因素。接着，从早期载人航天，到 NASA 的“天空实验室”（Skylab），苏联的“礼炮号”（Salyut）空间站、“和平号”（Mir）空间站，以及美国的航天飞机项目（Shuttle programs），吉尼德教授简要介绍了载人航天飞行中运动策略的发展历史。最后，她认为，对登陆火星表面的任务，在考虑特殊需求的情况下，可分为两

① PoSSUM 项目利用商业化的亚轨道航天器和高空载人气球，研究稀薄的高空云层，即夜光云。这些很难发现的云层只有在极区的夏天才能偶尔被发现，可以帮助科学家研究有关地球大气的重要问题。——译者注

个阶段：第一阶段为在前往火星的过程中如何保持人体健康，第二阶段是在火星上生活的第一个月以及相应的重力适应与身体修复。吉尼德教授在第3章最后，总结了为在火星上永久居住而设计的对抗性运动项目的关键要素。

01

随机应变，你才能活得更久

梅森·派克博士

派克博士有20多年的航空航天工程师经验，现任康奈尔大学机械与航空航天工程学院副教授；2011年底到2013年，担任NASA首席技术专家。他领导着康奈尔大学太空系统设计工作室（Space Systems Design Studio），负责首个私人航天器众筹项目Kicksat。派克博士专注于对太阳系进行长期探索的技术以及低成本航天器的研究。他同时也是“火星一号”的顾问之一。

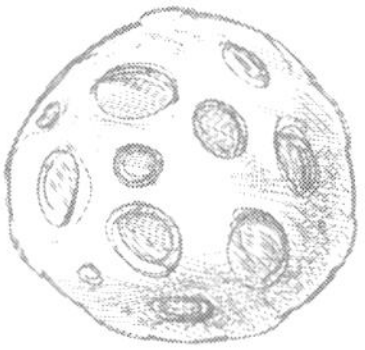

火星移民们需要掌握多种技能，更不用说训练如何运用特定技术飞往火星，并在那里生存。探索火星要求移民们能熟练操控电力和电子系统，包括发电机、电脑、通信系统和传感器等；能维修生活供应系统，保证有可以呼吸的空气、可饮用的水和适宜的温度；能勘察各处环境，以选择合适的地点建造居住地以度过余生。

即便在全然不知任务技术要求的情况下，我们也可以预测到，有一种技能会被迫切需要，它比其他技能更重要，那就是随机应变的能力。

人类在火星定居的设想，与50多年前的航天经验颇为不同。从美国“水星计划”（Project Mercury）和苏联“东方号”（Vostok）太空计划的先行者，到国际空间站的科学家和访客们，航天员们小心翼翼地遵循前人已经走过的路，安全谨慎地规划着出舱活动和科学研究。到目前为止，这些行动都非常恰当。接下来的10年中，我们应该对人类创造力、足智多谋，以及开拓进取的精神有更高的期待，这将决定我们在宇宙中能走多远。正如我们的祖先在百万年前离开非洲那样，人类将再一次随机应变，解决意料之外的问题。

命悬一线的“阿波罗 13 号”

毫无疑问，随机应变的能力对人类的太空探险至关重要。

MARS ONE 火星生存游戏

一些人应该还记得“阿波罗 13 号”太空任务，或许更多人只记得与该任务同名的电影。三位航天员弗雷德·海斯（Fred Haise）、杰克·斯威格特（Jack Swigert）、吉姆·洛弗尔（Jim Lovell）一度进入登月舱，以节省电力消耗，省下指令舱内仅剩的能源，以重返地球大气层。但由于三人挤在一个十分狭小的空间内，二氧化碳浓度急剧增加。他们需要更多氢氧化锂过滤器，以过滤二氧化碳。他们无法把指令舱中即将被丢弃的过滤器直接拿来用，因为指令舱中的过滤器是方形的，而登月舱需要的过滤器是圆形的。工程师需要临时设计转换插头，使指令舱中的方形氢氧化锂过滤器，与登月舱的中圆形净化系统相连接。在进行修理时，航天员需要胶带、硬纸板和塑料盒，这些是将方形过滤器固定在登月舱中的圆形接口上必需的材料。正是这种非常规方法，挽救了“阿波罗 13 号”航天员的性命。

“阿波罗 13 号”并不是航天员在太空中随机应变的唯一例子。过去几年，我参与了很多所谓异常情况下的解决方案。比如，航

> 我希望能实现我的梦想，让人类通过科技、热情，以及发现未知的能力，推动文明进步。前瞻未来是人类的本能。火星将让我们作为一个物种而团结在一起。
>
> **“火星一号”申请人**

天器可展开的部分，如太阳能电池板或天线，需要通过特殊方式，使它们从发射时的狭小结构中脱离；上传一些新程序，使航天器在备用仪表损坏的情况下能继续对准地球；还有一些情况属于商业机密，我不便在此提及。

我见识过各种应急方案，以拯救无人飞船。1998 年，我在休斯航天与通信公司（Hughes Space and Communications）的同事，挽救了“亚洲 3 号”卫星（AsiaSat-3，后改名为 PAS-22）。卫星发射时，运载火箭没能成功将其送入足够高度的轨道。杰里 · 萨尔瓦托雷（Jerry Salvatore）、西泽 · 奥坎波（Cesar Ocampo）和其他工作人员，将卫星移动到地球静止轨道，这是环绕月球的一条较短路径。修改轨道面需要少量推进剂，使航天器远离地球。这是第一颗到达地球同步轨道的商业通信卫星，它带着充足的燃料，为地球提供通信服务。我记得，我的同事约翰 · 哈斯克尔（John Haskell）精确计算出了一艘不知道名字的宇宙飞船的同步推进器指令，以保证它被反转，当我们在努力估算计划之外的轨道提升所需的燃料消耗时，他总是能得到正确的结果。

别搞砸了

所谓异常现象，即“不同寻常”的状况，是指某件事情发生的不可预测的转折或改变。我觉得这是一种委婉说法，比直接说“搞砸了”好一点儿，是一种怂恿我们指责替罪羊的更直接方式。我的一位朋友在向飞船发送指令时，把数字 0 打成了字母 O。这个小小的不同，导致了极为严重的后果，也就是“异常现象”，差点毁了飞船。所以，即便再小的失误，也可能会引发一系列后果。

这些异常现象往往会造成恐慌，原因之一是，当飞船出故障时，我们一般无法前去修复。NASA 为修复哈勃太空望远镜实施的航天飞行任务，是一个不同寻常的例外，每次飞行的费用都超过了 5 亿美元。在大多数情况下，这些花费可不怎么划算。发射一艘新飞船可能会更便宜，更何况，新飞船的工作时间会更长，性能也会更好。因此，目前还没有谁能提供卫星维修服务。像国际电话电报公司下属的埃克里斯公司（ITT Exelis）①和阿连特技术系统公司（ATK）②等，正致力于研发维修卫星的新技术，但如果要在商业上切实可行，还需要通过创新以降低成本。即便在未来，卫星维修服务成为可行的商业项目，但在很长一段时间内，我们也无法看到为火星飞行器提供的常规维修服务。

因此，航天工程师都要提前做好计划，预想到可能导致空间系统失败的所有原因，因为所有故障应对计划的成本都很高昂。这也要求我们更好地规避风险。当真正遇到异常现象时，不仅心跳会加速，个人声誉也会受到质疑。我们已经学会如何避免异常现象，如果处理代价太高，就可以采取简易、保守的解决方案。

---

① 埃克里斯公司，2011 年从 ITT 公司分拆出来，目前为一家全球航空航天、国防、信息和服务公司，专注于定位和导航、传感器、空中交通管理、图像处理和分布、通信和信息系统，其电子业务及能力处于业界领先地位。——译者注

② 阿连特技术系统公司，世界一流的军工企业之一，美国兵器工业重要的军品公司。——译者注

> 把人类的宝贵能力和重要特征叠加到科技上，开拓探险领域。我们要让科技像人类一样，开辟新世界。
>
> **“火星一号”申请人**
> **安德烈亚·凯泽**
> (Andrea Keyser)

我们准备把裁员和备份系统纳入其中，演练可能要用到的步骤。喷气推进实验室（Jet Propulsion Laboratory, JPL）在地面创造了一个“火星庭院”模拟环境。在那里，火星登陆者将遭遇各种不同的困难和不适合生存的环境条件。飞船驾驶员必须只依靠现有可供自由支配的指令，帮助登陆者克服困难，积累使用硬件设施和既定操作流程的经验。

虽然我们已经竭尽全力，但失败仍然难以避免，这通常是由意料之外的事情导致的。毕竟，如果能提前想到这些故障的话，那肯定能提前做好相应的维修准备。尽管做好了各种风险规避措施，我们仍致力于建设太空故障保护系统，并在发射前进行细致的检查。如今，让飞船正常运转的主要因素是人，即我们所看到的各行各业成功解决问题的人以及他们的创造与创新。

随机应变和太空维修在俄罗斯的空间站项目中屡见不鲜。其空间站项目从20世纪70年代开始运行，到20世纪90年代结束，有些完成了既定使命的意味。举例来说，在“联盟TM-32号”（Soyuz TM-32）飞船任务期间，航天员用铁进行焊接作业，修好了一台录像机。苏联时期的这类真实故事，催生了不少太空城市传说，其中一些你可能听过：NASA被指责花费数百万美元用以研发太空笔，而苏联只是给航天员用铅笔。然而真相一点也不传奇：飞梭太空笔公司（Fisher Pen）自行投资研发出一种经久耐用的太空笔，NASA采纳了这种设计。NASA并非没有考虑过用铅笔。早先，他们的确为航天员提供自动铅笔，但铅笔芯断裂后产生的碳末会飘进电子设备中，而且碳具有易燃性，如“阿波罗1号”就发生过此类火灾，危险性极高。因此 NASA 认为，圆珠笔是更好的选择。尽管如此，这个凭借简单设计与智慧战胜政府机构的故事，仍然对人们具有吸引力，而且会继续流传下去。

这里有一个关于苏联技术应变能力的故事，真实的可能性也很大。尽管我认可这个故事，却无法核实。很早以前，在 NASA 还没有将航天飞机与苏联“和平号”空间站对接前，苏联曾会见 NASA 的空间站工程师，讨论如何实现对接。NASA 请求，希望看一看“和平号”的振动模型。这种模型通常由计算机模拟，可以展示空间站的所有细微结构。苏联方面表示，他们没有这种模型，但能很快得到一些结果。不久，他们来到 NASA，带来了展示“和平号”振动响应的精美逼真的图表。NASA 工程师非常佩服，苏联人居然能如此迅速地建立精细的计算机模型。苏联方面解释称，他们根本就没有模型。他们只是让一名航天员以特定的速度上下跳动，然后再简单测量了振动结果。

技术，才是你活下来的关键

创造力和创新能力在移民火星这种艰巨任务中，必不可少。事实上，这是该项目成功运营的关键。火星移民一定会从地球上带一些补给，有些是有用的，但有些是没用的，有些可能之后才能运送，这都难以预料。但我们能预料的是，这些移民会想出许多自己的方法，在火星上繁衍生息。比如维修和改进装备的方法，创造新经济和新的生存技术，如何利用火星土壤中的矿物质来补充营养，与在地球上的家人通信的方法，甚至艺术创作的方法等。

很多记者似乎难以区分科学和技术。我们经常听说，“NASA的科学家建造了一艘新飞船……”，然而这并不是科学家的工作，而是工程师的工作。技术是创造、建造、革新，科学是假设、调查、探索，它们无疑都是人类奋斗的成果，是人类卓尔不群的标志，让我们为生而为人感到自豪。帮助火星移民将方形过滤器插到圆形接口中的，不是科学，是技术。

技术问题的解决，使火星探险成为可能。在科学理论的指导下，技术将脱离对世界本质的粗浅认知，创造出前所未有的事物。火星移民解决问题的能力来自创造事物、动手去做的过程。这些能力也就是我们现在提倡的 DIY 精神，不管是编写电子游戏程序、造车，还是 3D 打印眼镜。火星移民候选人要具有建造、维修、创造、改进的能力。拥有这些不可或缺能力的移民，将让火星定居点持续下去，并建立人类永久居住地。

成功入选的“火星一号”申请人不应被各种技术要求吓倒。事实上，他们应该抓住机会，利用电路、机械和计算机，变得更强大。仅仅抽象地理解工作原理，远不如动手去做更有价值，甚至可以建造更好的东西来取代它们。这些技能并非都源于常规教育，相信很多工程专业的毕业生对宇宙飞船一窍不通。相反，火星移民要不断学习新知识，并将其运用到实践中。

曾经就有一位工程师救了我父亲的命。大约 6 年前，佛罗里达州彭萨科拉（Pensacola）海军航空站，我父亲正驾驶一架 T-6（海军称其为 SNJ）比奇（Beechcraft）军用教练机。飞机起飞后，起落架收起，但起落架的操纵手柄滑脱，这导致他无法在降落时放下起落架。这些 SNJ 飞机已经服役很久了。那段时间有一队工程师专门负责飞机保养，其中一名工程师用广播向父亲详细解释了解决方案：让他用脚把控制板移开（这个步骤需要一把锁扣钥匙，但父亲用一枚硬币来代替），松开连接起落架的螺母，从而控制操纵杆移动。起落架能够自由移动后，父亲来回翻转飞机，尽可能快地摇晃，使起落架滑落。另一架飞机在他的下面飞行，确定飞机起落架锁定。最终，父亲轻松降落到地面，让那些想看好戏的学员空欢喜一场。

这种实践经验，是工程师在多年经历的诸多失败中积累起来的，也是火星移民成功的关键。在第一次火星之旅前，我们会对硬件和软件做好构思、计划、测试和执行工作。每一项工程规范都会在火星移民的日常生活中发挥作用：土木工程、环境科学、生物医学、电学、化学、航空航天以及软件工程等，都很重要。系统工程的分支学科也是如此。这与系统各部分间庞大、复杂的结构与联接有关，比如火星的生存环境、返回地球的交通工具。这里给出了这些规范发挥作用的原因。

- 土木工程师需要建造土木防御工事，保持居住地的温度，保护火星移民免受高能粒子流和紫外线的伤害，尤其是当火星土壤不能按我们所预想的方式堆积时。
- 环境工程师要找到方法，保证移民可以从自然环境中持续获取生存所需要的水和空气。
- 生物医学工程师要设计制造夹板、眼镜、血管支架、假肢、模型、防护装备以及其他伤病必需的装备，否则突如其来的疾病会用尽从地球上带去的储备。

- 化学工程师需要了解如何使冶炼技术适应火星环境，让移民不需要携带专用设备，就能从环境中提炼材料。
- 电气工程师要维修、重新设计和创造新的电路系统，以保障定居点正常运作，确保技术革新不会比地球上落后太多。
- 航天工程师将追踪即将到达的飞船，建造返回地球的火箭，应对火星上的大风和沙尘暴造成的意外问题。
- 软件工程师要编写新的应用程序，满足移民的计算机需求，比如定位工具、游戏和通信工具。他们需要升级原有的软件，使之与来自地球或自主设计的新代码匹配。

怀着这样的勇气，许多人已经开始着手建造自己的航天器，而我能与这个特殊群体进行交流。目前，包括自制航天器在内的这种航天工程项目，在美国已经非常普遍。大学四年级会开设相关课程。我在康奈尔大学任教期间，学生已经建造了 4 个小型航天器，还有更多航天器正在建造中。一些高中生甚至也有了航天经验，如在华盛顿特区附近的托马斯·杰斐逊高级中学（Thomas Jefferson High School），学生发射了一枚葡萄柚形的航天器。2013 年，这枚航天器向地球传回了消息。实际上，这种小型航天器是目前已发射的卫星中最普遍的一种。

这些令人振奋的技术发展趋势，让我们得以思考太空的未来以及人类所处的位置。创业型太空公司正在建造火箭、地球观测卫星、卫星服务平台和小行星采矿机器人。除了“火星一号”，还有不少想在未来 10 年将人类送入轨道、送上月球、送往火星的秘密计划。其中，大部分计划可能将通过风险投资的支持得以开展，而非人们所熟知的政府资助。与此同时，NASA 正在重新寻找创新的源泉，拨款支持新技术研发，从而扩大科学探索的范围。再加上一些“创客运动”的成员，他们对掌握技术进步的所有权充满热情。我们发现，采用 3D 打印技术和其他尖端制造技术，能够加速将商用航天器送入轨道的步伐。

在这个新世界中，从家用电子产品飞速发展的过程中，不少大学吸取了相关经验，采用了航天器研制中的系统工程法，弃用了已经过时几十年的旧规范，这些规范正在影响航天工程的成本和进度。我们将为个人定制星际探险计划，创造具有广泛知识性和社会性影响的研究成果。抓住这种灵活的小型太空项目带来的机遇，将改变我们所在的星球以及地球之外的世界。如今，学者们已经掌握了制造太空系统的方法，他们将成为掌握新型私人航天器设计规范的新一代，使用太空材料，建造跨越太阳系探索的基础设施，甚至从众包中获益，帮助他们以前所未有的方式探秘太空。

这并不是说利用和获取当地资源的方式是史无前例的，或者说和人类祖先离开非洲的大迁徙有什么不同。美洲殖民史上能找到大量有关适应当地环境的例子。宾夕法尼亚州多伊尔斯敦（Doylestown）的亨利·默瑟博物馆（Henry Mercer Museum）展示了一些证据，显示出欧洲殖民者极富创新精神。博物馆中陈列着不少古怪的藏品——18、19 世纪的日常生活工具。这些藏品中让我觉得很有意思，不仅是在没有专门的工具和金属，很多时候在连钉子也没有的情况下，聪明的人类也创造了自己的生活，还创造性地使用手头可用的材料，比如水桶。当时没有制桶技术，更不用说用于固定桶板的金属带，早期定居的人类会砍下一棵大树，把树干截成水桶般大小的圆柱，然后把它挖空。他们会用一棵非常长且轻的树，像跷跷板那样找一个平衡的支点，利用杠杆原理，使水桶在水井里上下移动，而不是建个齿轮传动器来实现升降。

很显然，树到处都是。建造大型设备的空间也很充足。博物馆有一个苹果榨汁机，是用60多厘米厚的木板制成的，以提供必要的机械力来榨汁。但到了火星上，很难找到制作大型工具的木料。火星移民能找到哪些现成的材料呢？水和土壤。所以短期内，制作陶器、瓷器和黏土砖是可行的。火星上的建筑物，可能与新墨西哥州早期拓荒者的草屋相似，而非想象中用铝和特殊塑料建造的结构精巧、高耸入云的未来建筑。我希望，新移民能熟悉人类材料技术发展的快速过程：从取代泥砖这种古老材料的瓷器、铁、青铜到现代复合材料等。移民也可能会用我们想不到的新方法，从火星土壤中获取生产材料。

工具和氧气的问题

“火星一号”希望能将第一批移民送往火星。这将是一次单程旅行，与往返的旅程相比，技术要求更简单，成本也更低。怀疑者断言，那些志愿去当移民的人肯定是头脑发昏，这场旅行是一种自杀式任务。我不同意这种看法。作为“火星一号”顾问委员会的成员，本着完全公开透明的精神，我想说，“火星一号”将移民送往火星，不是去送死，而是去生活。

我认为，这场旅行并不像《星际迷航2》中“小林丸号”（Kobayashi Maru）的预测，注定必然会失败。登陆火星后，移民将承担的第一项任务是着手制造工具和装备，甚至创建经济系统，为今后建造返回地球的交通工具做准备。这种愿望并非天方夜谭。事实上，在火星表面发射火箭并进入轨道，比在地球上更容易。我对现在的工程师和硬件设施专家充满信心，他们能在未来20年内完成任务，至少可以返回地月轨道。请记住，在激光通信技术的帮助下，他们有可能实现互联网访问。地球上的父老乡亲能够向他们发送图表、分析实验结果，帮助项目取得成功。这比美洲殖民者曾经得到的帮助更有用。

太空硬件专家能就地取材，制造设备。精巧的定制零部件将停止或限量供应，就像18世纪的钉子一样。硬件专家可能找不到碳纤维来制作高科技复合材料，不能无限地供应低温阀门、电动机、电路板以及其他高精度专用零部件。或许，小部分零部件可以根据需求从地球运送过去。但我并不完全指望这个。

幸好，火星上水的供应能尽量满足移民的需求。NASA曾多次详细记录了火星上丰富的水资源。它位于地表之下，许多地方都有。流星的撞击常常会让水露出地表。因此，生产氢和氧都没问题，它们能通过水的电解产生，连小孩都能小规模地完成这个实验，更何况康奈尔大学的研究生或研究员。此外，在康奈尔大学，我们已经建造了在水中运行的火箭引擎样机。

硬件专家要从哪里得到推进剂储箱，来建造返回地球的飞行器呢？我可能会建议他们，用砂模铸造很多完全相同的等边三角形，把它们焊接在一起，组成近似的球体。我们仍需要确保可以获得足够的铝。可以通过回收着陆器或其他设备中的铝，或将

> 为评估风险，我们必须了解失败，理解失败。然而，任何勇气都无法取代技能与知识。
>
> **“火星一号”申请人**

可用的铝粉与热水混合，通过化学反应，产生氢气和矾土（氧化铝，分子式为 Al_2O_3）。这种陶瓷性能良好，强度足以满足使用要求。氧化铝的主要优点在于其重量仅为铝的一半，可以被大量使用铝。缺点是用氧化铝制作箱子，必须利用 3D 打印技术，也就是烧结技术来聚合，而这种方法比熔炼、浇铸和焊接铝制三角片所用的时间更长。但我认为，未来 10 年内，3D 打印技术将成为家庭和办公场所的标配，打印出的金属物品设备将成为火星移民的必备工具。

另一种解决方案是设计并制造防水充气袋。棉花纤维具有极高的比强度（又称强度 - 重量比），旧 T 恤、火星居民干衣机里的棉绒以及某些涂过橡胶的内衬，都可以用来制作袋子。最后生产出的储物箱可能比金属制造的还轻。

康奈尔大学正在研发的电解水推进系统的原理很简单，不需要电磁阀、低温管道或其他零部件。虽然效率低于低温氢氧混合物（H_2/O_2），但简易性无可挑剔。进一步讲，气体混合物是化学计量的理想状态（在每个分子完全燃烧的情况下）。就气体而言，这种混合非常好，使发动机的燃烧室不再需要用注射器加注燃料，制造注射器的工艺复杂，费用也很昂贵。

这些例子只是目前技术发展的一部分。最终的测试以及更好的创意，将由前往火星的工程师自行决定。

充分了解去往火星的风险，对所有参与火星单程旅行的人来说都至关重要。也就是说，面对成功（或失败）的可能以及它们的后果。而在火星上成功生存的真正关键，是硬件专家，是他们对现有材料的充分利用，是人类的创造力。火星移民的创新能力将决定太阳系的未来。

02

火星上没有救护车，也没有急救人员，只有你

泰依丝·拉索马诺

医学博士，美国莱特州立大学航空航天医学专业理科硕士，英国伦敦大学国王学院太空生理学博士。创立并主持巴西南大河州天主教大学微重力中心（Microgravity Centre-PUCRS），其太空生命科学和电子健康研究得到了国际公认。拉索马诺是南大河州天主教大学的全职教授、伦敦大学国王学院的客座高级讲师。拉索马诺拥有多项国际专利，撰写了许多论文和书籍，并担任了一些太空项目的顾问。她是航空航天高校联盟的委员，也是位于美国的国际太空医学联盟（ISMC）联合创始人、董事和首席医疗官，参与了多项太空项目。

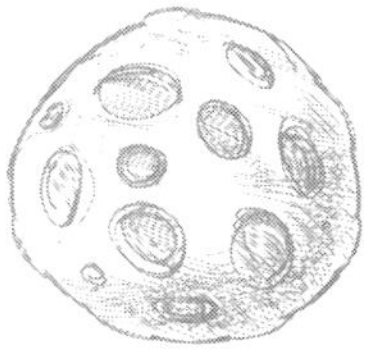

设想一下，当你和同事们采集完岩石标本后，正在返回大本营。你注意到前方荒芜、崎岖的火星表面上，布满了数千年来流星撞击所形成的陨石坑。你用戴着手套的手，拂去头盔面罩上落下的薄薄一层红色灰尘，想脱下防护服，它让人感到幽闭和恐惧。突然，身后某个地方传来了痛喊声。你转头一看，你的同事正难受地躺在地上，一只脚盘在腿上，腿分开的角度看起来很不正常。现在该怎么办？火星上没有救护车，没有急救人员，也没有医护人员控制现场状况，现在，只有你。你应该怎么做？

上述设想极有可能成为现实。在火星移民的探险中，任何人都可能碰到这种情况。伤者难以得到传统医疗的救助，同时，在与地球控制中心进行沟通时，也会受到传送和接收信息长时间滞后的影响。在这类事件中，只能靠移民自己根据既定的医疗方案和前期训练，进行紧急处理。本文将探究载人航天飞行至火星过程中的种种设想，在航程中以及火星生活中可能发生的危险，展现失重环境中人的生理反应，以及失重环境对人体可能造成的健康影响。同时，将对移民为确诊健康问题，并进行紧急医疗处理所需的训练内容进行探讨。

> 中国古语云，“朝闻道，夕死可矣”。人生有限，宇宙无限。与宇宙相比，人类如此渺小。因此，渺小的我如果能了解宇宙的真相，那么付出再多也在所不惜。假如旅行失败，至少我已尽己所能去探寻真相，对最终的成功总是有一点贡献的。
>
> **“火星一号”申请人**

在地球上，任何一次重要行程，如拜访亲友、度假或参加工作会议，都需要提前做好准备。火星之旅也一样。考虑到人体在长期失重状态下的生理变化，以及在前往火星途中不同太空辐射对人体的影响，火星移民必须掌握基本的医疗知识。

获取知识的第一步，是全面了解旅途中飞船所处的环境，以及到达火星后将面临的环境。

地球上的所有生物都受到地心引力的影响，引力决定了包括人类在内的地球生物的身体构造和生理特征。引力使太阳系的行星按照固定轨道绕太阳运转，月球绕地球运转，并产生了潮汐现象。在宇宙中，每个微粒吸引其他微粒的力，与两个微粒的质量成正比，与它们之间距离的平方成反比。在地球上，这种力被称为重力。地球的密度，而不仅是体积，决定了地球的质量，以及作用在地球上每个物体和生命体上的重力。地球的直径为 12 775 km，密度为 5.52 g/cm^3，因此，在地球海平面平均高度上的重力加速度[①]为 9.81 m/s^2，用符号 g 表示。火星的直径为 6 775 km，不仅比地球小，而且密度也仅为 3.94 g/cm^3，小于地球

① 重力加速度，物体受重力作用下所具有的加速度，也叫自由落体加速度，方向垂直向下。通常指地面附近物体受地球引力作用在真空中下落的加速度。——译者注

的密度，导致火星上的重力加速度约为地球的 1/3。这种现象叫作部分失重（hypogravity）。我们把地球作为参考，因此任何比地球的质量和重力小的天体，都可以被称为部分失重环境。相对而言，一个质量比地球大的天体，重力也更大，其重力环境则为超重（hypergravity）环境。

地球重力不仅塑造了我们的身体形态，也影响了我们呼吸的大气。地球表面的大气压约为 101.325 千帕斯卡[①]。大气中含 78% 的氮气，21% 的氧气，少量水蒸气、二氧化碳和其他气体。正是大气层保护我们免受太空辐射和小行星坠落的危害。大气层也通过温室效应[②]，调节地球温度。没有温室效应，地球表面的平均温度将由现在的 15℃变为 −18℃，生命很有可能不复存在，或以其他形式存在。

对人类开拓的下一个生存之地而言，火星极具吸引力，因为它拥有与地球极为相似的重要环境特征。在 20 世纪以来出现的先进技术的支持下，火星有可能维持地球生物的生存。然而，由于火星的质量小，大气稀薄，表面平均大气压为 0.6 千帕斯卡，仅为地球的 0.6%。因此，火星大气层不足以保护生物免受太空辐射和小行星的威胁，也不能产生温室效应。此外，火星大气主要由二氧化碳构成，约占 95%，因此对人类而言，火星大气层中的大部分气体成分是有毒的。这种种挑战，都可能对火星探险者的身体产生影响。科研人员需要对其进行监测，减轻其危害。

---

① 在国际制单位中，压强的单位是 N/m^2，读作牛顿每平方米，它有一个专门的名称叫帕斯卡，简称帕，用符号 Pa 表示。——译者注

② 温室效应是指大气分子吸收了地面反射的热量，使地球平均温度升高的现象。

飞往火星时，宇宙飞船将经历一系列不同的环境挑战，因而会对火星移民产生潜在的健康影响。火星移民除了要忍受从地球飞往火星的漫长旅途，还面临着两种威胁身体健康的主要因素：微重力环境和不断增强的太空辐射。

恶心、呕吐，恶心、呕吐

现代技术的发展促进了宇宙飞船的不断升级。1961 年，苏联航天员尤里 · 加加林（Yuri Gagain）乘坐“东方一号”飞船完成了人类首次太空飞行。目前，飞船座舱内维持的海平面标准大气压和气体成分，即 20% 的氧气和 80% 的氮气，舱内温度保持在 18℃ ~ 27℃。同时，水的蒸汽压和二氧化碳水平也与地球相似。尽管如此，宇宙飞船的设计要求对航天员仍有很多限制。在飞往火星的漫长旅途中，所有这些条件都可能对火星移民的身心健康造成严重影响。

飞船本身的体积和装备所需的存储空间，决定了起居空间的大小。要仔细监测飞船密闭空间内的恒定噪声，如果噪声超过安全分贝水平，航天员必须佩戴防护耳罩。所有航天员的个人卫生会变得很糟：让 4 个人在洗浴条件极差的密闭空间里共同生活几个月，那气味可不怎么好闻！这些潜在的危害因素将会对航天员的睡眠产生消极影响，导致他们身体疲劳，压力增大，从而使航天员的情绪变得更加焦躁。

微重力环境是指与地球表面相比，天体上的重力加速度极弱的环境。微重力条件可通过多种方式实现，包括地面落塔、飞机的抛物线飞行，如国际空间站那样的地球轨道实验室。如前所述，地球重力决定了我们的身体构造和生理特征。一旦重力减小或消失，所有的身体系统都会受到影响，并试图找到方法去适应。作为一个整体，人体会找到新的方式来组织身体构造，改变身体功能。

一旦失重，决定身体方向感和平衡感的耳前庭系统会立刻受到影响，引发空间运动病（space motion sickness）[①]，其症状表现为体能损耗、恶心、呕吐、健康状况变差。航天员的恶心呕吐程度因人而异，一些人的呕吐程度较小，另一些人则把胃里的东西吐得干干净净。

> 1985年，美国参议员杰克·加恩（Jake Garn）作为付费用户和载荷专家，乘坐“发现号”航天飞机进行了为期一周的太空飞行。作为空间运动病最严重的受害者，他被载入NASA的历史档案，因为在太空中的大部分时间，加恩一直在呕吐。因此，“1加恩”表示最严重的呕吐程度，呕吐较轻的情况则被认为小于“1加恩”。创造这一非正常标准，是加恩为空间运动病作出的贡献。

早期，航天员的心血管系统将逐渐适应微重力环境，表现为血液和体液向头部移动，从而影响血压、心率、心脏输血量，同时也会对肺部和神经系统造成影响。目前，已经了解到航天员可能患上的其他疾病，包括不同程度的贫血、免疫反应、激素缺乏、

① 由于地球和太空环境差异很大，即使经过严格选拔和特殊训练，70%的航天员在进入太空后，仍然会产生空间定向失常、方位感缺失、恶心、胃肠不适、头晕、嗜睡等症状。这一系列由太空因素引起的反应，统称为“空间运动病”。——译者注

肌肉萎缩和骨质流失、睡眠障碍以及食欲不振。

我们并不完全了解，所有这些生理变化是如何产生、如何变化和相互作用的，我们也不知道应如何应对。理想的计划是通过飞船的离心运动，如翻转飞船一部分或整个飞船，产生人工重力。但这种方式需要建造大尺寸的飞船，所以现在这并不是一个可行的选项。

因此，要避免或减轻微重力对航天员身体健康以及整个旅途最终结果的消极影响，一个重要方法就是采取措施防止这些效应，避免病情恶化。通过医疗、技术、工程以及组织和物流方面的广泛训练与知识应用，是可以实现的。所有这些措施，都是为确保在太空中或另一个星球上的居住地具备足够的条件。

以防止骨质流失为例，来谈防止微重力影响所需要的系统方法。航天员在失重环境下，随时间的推移将出现骨质流失症状。在太空飞行中，骨质流失是一个连续的过程，严重的话会导致骨质疏松症。这是在地球上老年人中常见的一种疾病，它会使骨骼变得脆弱，增加骨折风险。

微重力环境中的骨质疏松症主要会影响由重力因素决定的骨骼，如下肢的骨骼。如果骨骼系统不适应微重力环境，情况严重时，航天员到达低重力的火星环境后，他的骨骼将无法支撑身体的重量。在太空飞行期间，航天员每天的锻炼计划至少应该包括两小时的日常抵抗力训练和有氧活动，这对保证移民在火星重力下正常工作，至关重要。不管是在星际旅行中，还是在抵达火星的旅程中以及定居火星期间，对心血管健康和肌肉力量进行评估，都是定期医疗监测的一部分。

强烈的太空辐射

在飞往火星的过程中，火星移民将面临的另一个重大医疗风险是太空辐射。地球大气层和磁场为我们屏蔽了很多来自外太空的辐射。不过，人类仍然偶尔会暴露在辐射之下，比如日常生活中的轻微暴露，如 X 光检查；比如搭乘洲际航班，飞机飞行的海拔高度意味着飞机上方的保护性大气更薄、更少。此外，地球上也有天然的辐射来源，比如氡。氡是一种无色、无臭、无味的气体，人无法感知，但却积聚在地下室之类的地方，当人长时间吸入时会患上肺癌。辐射泄漏等严重威胁人体健康的情况也偶尔会发生，如 2011 年日本福岛核辐射泄漏事件。

在太空中，辐射的基线水平比地球上要高得多。火星移民受到来自宇宙和太阳的背景辐射的不断冲击，增加了罹患辐射病的风险。处于地球轨道上的航天员仍受到地球磁场的部分保护，虽然飞船在一定程度上可以屏蔽银河宇宙射线[①],但日冕物质抛射[②]之类的太阳活动将产生强烈的峰值辐射。火星移民需时刻留意飞船上检测辐射激增的监控设备，并采取行动，进入飞船上的专用辐射防护装置，以减少辐射的影响。

无人火星探测活动使评估星际航行中的辐射程度成为可能。

① 银河宇宙射线（galactic cosmic rays，GCR）指来自银河系的高能粒子。——译者注

② 日冕物质抛射（coronal mass ejections）是从太阳的日冕层抛射出来的物质。抛射出来的物质主要是电子和质子组成的等离子，加上伴随的日冕磁场。日冕物质抛射对地球空间的影响，主要包括磁暴、高能电子暴、太阳质子事件。日冕物质抛射伴随着耀斑，会破坏无线电传输，造成能量耗损，并对人造卫星和电力传输造成损害。——译者注

据测算，180 天星际旅行的平均辐射剂量约为 300 毫西弗 [①]，相当于做 24 次 CT 扫描。这表明，火星移民受到的辐射是核电站工作人员每年辐射极限值的 15 倍之多。我们要充分了解太空辐射的来源，以及它对人体健康的不利影响。在这一前提下，安排适当的工程任务量，优化飞船工艺设计与调度，加强航天员培训等，尤为重要。

你最好切掉阑尾和胆囊

NASA 报告称，国际空间站航天员的健康风险主要分为四大类：医疗急救、辐射事件、陨石或碎屑受伤以及系统故障失灵。据估计，每 15 年将发生 3 次医疗急救，每 5 年半将需要撤离一名病患。但幸运的是，最常见的健康问题并不是可怕的紧急医疗情况，包括微重力环境下飘浮颗粒造成的眼睛伤害，由骨质流失的钙沉积在肾脏中形成的泌尿系统结石（肾结石），由飞船上有限的卫生设施引发的皮肤感染，因重力消失后脊柱拉伸导致的背部疼痛。要知道，对火星移民来说，返回地球接受医疗救助是不可能的，飞船和火星定居点的卫生保健系统必须能对病人进行诊断并提供治疗，特别是在预防和早期阶段，还要能处理急性损伤，如脚踝受伤等。开展太空门诊的医疗单位应配备齐全，能提供基本急救，以及基础和先进的生命支持技术，还要有基本的牙科和

③ 辐射剂量的基本单位之一。辐射剂量的主单位是西弗（Sv），但西弗是个非常大的单位，因此通常使用毫西弗（mSv，1 mSv=0.001 Sv）。对一般人来说，比如在日常工作中不接触放射性物质的人，每年因环境本底辐射（主要是空气中的氡）的正常摄入量为每年 1 ~ 2 毫西弗。凡是每年辐射物质摄入量超过 6 毫西弗的人，就应被列为放射性物质工作人员。——译者注

心理健康保健。理想情况下，该医疗系统要包括医疗检查设备，如病理、影像和实验室测试，以及提供医疗消耗品和药物治疗的装置。

配备经过全面培训的医生，对航天员的火星旅行大有裨益，尤其是比较擅长在缺乏正规医疗条件的情况下治疗患者的医生。理想的人选应该能诊断并处理物理创伤、神经系统和心肺紧急情况。这需要他们在面临压力的情况下，可以准确、果断地思考并采取行动。医疗培训最好能像无国界医生或战区军医那样，应对在世界上贫穷或偏远地区工作的医疗人员习以为常的挑战。这些医生经常需要在交通不便，很少或完全没有外界监督、医疗资源和其他医疗人员帮助的情况下，实施救治。

在太空中进行手术也受航天器微重力环境的限制。在太空的抛物线飞行和对动物进行的部分实验及研究表明，做小型手术是可能的。然而，即使是小型手术，也已被证明是一件很复杂的事情。太空中受限制的条件，需要让病人、医生以及手术工具等所有对象都参与进来,同时要防止手术工具四处飘浮和移动。同样，还需要有环绕手术部位的闭合座舱盖系统或足够的抽吸装置，以防止血液和手术碎屑污染舱内环境。

实际上，虽然并非不能进行外科手术，但需要尽可能地避免进行手术。NASA 估计，在长期飞行中是否需要手术，在很大程度上取决于紧急状况，如阑尾炎。减少未来手术的一种可能方法是在任务开始前，预防性地切除太空旅行者的阑尾和胆囊。

无论其背景如何，所有太空旅行者都有必要进行医疗强化培训，学习基本的急救方法和医疗急救程序，以及日常健康监测和检查、医用器材的使用方法。毕竟，医生也需要医疗救助，而与地球通信的时间滞后，可能会使远程医疗指导受限。

为临床医疗提供远程协助，被称为远程医疗，即便存在通信延迟，对星际旅行时治疗太空旅行者仍起到关键作用。远程医疗产生于20世纪60年代和70年代的美国和苏联太空计划，并从此成为地球上健康援助、研究和教育的新兴领域。尤其是对偏远或贫困地区的病人来说，远程医疗为缺乏医疗条件的人们提供了专业医疗指导，不然，他们将不得不前往医院接受诊疗。

在地球及近地轨道，还有已完成的月球探测任务中，与医疗专家和医学顾问进行实时通信是可能的。但是，一旦旅行者距离地球超过几光秒[①]，这样的通信就会变得非常困难。从地球发出的信号到达火星需要20分钟。因此，熟悉并练习如何处理医疗信息和使用智能医疗系统，是太空旅行者要掌握的基本技能，这将与星际旅行的医疗保健系统进行深度结合。智能高科技医疗保障系统，将结合获取和解读医疗数据的手段，提供疾病诊断，并根据现有的医疗资源，帮助制定最合适的治疗方案。

“夺命杀手”减压病

在火星上，辐射的危险会降低，但其他环境风险将出现。NASA在2005年的一份研究报告中总结道，火星移民可能遇到的危险，包括会影响呼吸的火星空气尘埃中的微粒；地质灾害，包括地质勘探过程中的事故，尤其是有关骨骼、肌肉和摔倒造成的关节问题；恶劣的环境，火星上的低温将影响人的神经认知反

① 光在1秒钟的时间里，在自由空间以及距离任何引力场或磁场无限远的地方所走过的距离。1光秒=299 792.458千米。——译者注

应。因此，对于火星移民来说，了解并认识到这些危险及其对健康的负面影响，同时还能在资源匮乏、无法与地球上的医疗支持单位快速沟通的情况下减轻疾病的危害，显得至关重要。

在火星居住意味着，火星移民要在加压和受控环境中生活。不过，他们每天都要进行室外活动。火星上的生活空间很可能被加压到与地球海平面的压力水平相似。火星大气压很低，旅行者在居住地与开放的火星表面之间往返，很可能出现减压病（decompression sickness）。减压病是人从高压环境进入低压环境时，随时可能出现的状况。出现该问题的原因是，任何外出探险的人都要穿上航天服，虽然航天服是加压的，但仍然会设定为一个较低的压力水平，以使航天服内的人能在一定程度上自由活动。完全加压的航天服就像充满气的气球，对穿戴者的运动产生相当大的阻力。航天服内的压力高于火星大气压力，但又比居住地内部的压力低。这种压力差异，要求航天服内的氧气浓度较高，以免因身体吸氧不足造成缺氧。缺氧对心血管、肺和神经系统会产生直接影响，从而改变它们的功能，损害身心机能。

减压病如果得不到治疗，可能会危及生命。在潜水中，这种病通常被称为“弯曲症”（the bends），最严重的是血液中的氮气泡析出，在血液中流动，最有可能影响像肩部和肘部这种大的身体关节，导致关节疼痛，灵活性降低。减压病将导致身体出现几个令人担忧的症状，包括皮肤刺激、心肺反应（如胸痛和呼吸急促）、对神经系统的影响（如知觉改变、健忘或视力异常）。减压病理想的治疗方法，是用氧气纯度为100%的特殊高压氧舱进行加压。然而，对每个火星居民来说，避免患病、及早诊断，才是最好的解决办法。

令人绝望的孤独、封闭与疲劳

一个人长时间太空飞行的心理危害，是影响健康的潜在关键因素。在前往火星的旅途中以及在火星上的生活中，孤独和封闭自然会影响火星移民。在国际空间站待过的很多航天员都会提到，近距离看看地球会产生心理安慰。但火星旅行者将看到地球从视野中慢慢消失，分离感、距离感与孤独感不断增加。抑郁、焦虑和压力等心理健康问题，也像火星移民的身体健康问题一样，需要及早诊断，以避免病情进一步发展，增加治疗难度。让不同性别、不同文化背景、不同专业和个人背景的人待在密闭空间内，并时时刻刻在一起，无论将他们放置在宇宙中的哪个角落，无论是地球还是火星，都会产生人际交往问题。因此，火星移民需要进行心理训练和学习，了解有关行为问题和群体互动的心理体征与症状。

火星之旅的许多工作，很可能都是飞船自动完成的，火星移民有了空闲时间，就可能产生厌倦和单调感，加深对家人和朋友的思念。因此火星移民们要学会创造趣味活动，来打发闲暇时间，比如开展有意义的实验、玩电脑或打游戏，或者索性与亲人联系。刚开始可以与亲人进行实时通话，等时间间隔延长后，就只能通过录音交流，这些都需要持续的相关研究和练习。如果问题得不到解决，这些情绪将对火星移民的心理产生非常消极的影响，导致心理抑郁，群体参与感降低，从而缺少参加日常活动的动力。

在飞船的密闭空间里，疲劳也可能成为问题。舱内设备连续不断的噪声、不规则的光线变化以及昼夜颠倒，都可能改变舱内人员的睡眠周期，并导致他们睡眠时间减少、睡眠质量变差。最终可能导致慢性疲劳以及身心机能紊乱。

> 我醉心于未知、离奇甚至荒谬的世界。除了威胁航天员生存的显著风险，以及关于如何实现长久生存仍存在的不确定性之外，我找不到参加“火星一号”计划的任何缺点。
>
> **“火星一号”申请人**

毫无疑问，在太空和火星这样不利的环境中生存，对人类是一种挑战，需要所有参与其中的人具有真正的开拓精神。人类悠久的探险史正在开拓舒适生活的边界，抵达未知领域。此外，技术的快速发展，有助于实现建立火星居住地的目标；我们所面临问题的解决方案也将继续取得进步。火星移民任务的成功和持续性的关键因素，建立在彻底而全面的项目计划以及全面的知识获取等基础之上，其中包括健康维护与管理以及事故预防。生活在与地球极为不同的低重力条件下，我们将从这种经历中获取宝贵的经验。对生活在地球上的我们而言，这种新认知很可能会衍生出新的价值。太空探索在第一个 50 年中所取得的技术进步，已经充分证明了这一点。

03

对抗机能下降，永无完结的火星任务

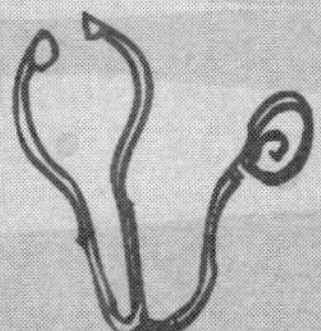

杰米·吉尼德

吉尼德在极区亚轨道中高层大气探测项目（PoSSUM）中担任项目经理和商业化的科学家航天员，提出了世界上第一个载人亚轨道飞行商业化方案，并同时担任综合航天服务（Integrated Spaceflight Services）商业运营副总裁。在加入 PoSSUM 项目和国际空间站项目前，吉尼德曾在休斯顿大学担任运动学家，为 NASA 约翰逊航天中心提供研究支持。吉尼德拥有运动科学和健康科学学士学位，健康和体育学硕士学位以及工商管理硕士学位，目前正在攻读健康科学和航天科学硕士学位。

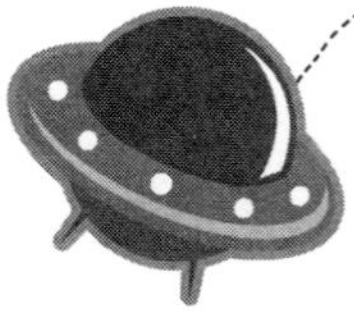

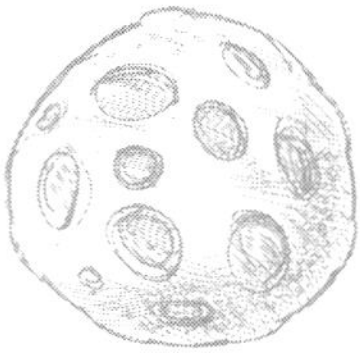

人类利用机器人探索火星的研究已经有几十年了，这些经验告诉我们，人类已经掌握了将地球设备运送到火星的技术。但要实现“扎根火星”这一艰巨的事业和目标，则充满了危险和不确定性。人们必须解决很多问题，减少危险，克服所有挑战，确保人类的科学幻想成为科学现实。“人的参与”或许是其中最具挑战性的一项。为实现这一崇高的目标，除了必须考虑并克服生理、心理和技术障碍，还必须考虑很多随之产生的伦理问题。

保护和维持新移民的身体健康正是出于这一考虑。NASA 声称，在火星任务中，人体健康的两大威胁是太空辐射，以及长期处于微重力环境下的慢性影响。虽然在空间站项目中，航天员长期处于微重力环境，已经积累了丰富经验，而 NASA 人类研究计划（Human Research Program）也已明确了一些人类健康和保健方面的风险，但目前还无法提前对这些风险做好规划。由于缺乏数据，我们对风险的认知还不够充分或者说无法控制风险。这表明，相对目前的 NASA 标准而言，要想降低风险，我们还有很长的路要走。因此，必须实施以火星为中心、研究长期太空旅行影响的课题，提高保健能力，建设相关基础设施。这对保证人类在太空中的身体健康十分必要。

让我们从已经掌握的部分开始。人体是一种效率和适应性都极强的机体。公众普遍认为，太空生活对人体完全不利。而且，在外太空零重力环境中的生活时间越长，人体机能就会不断下降。实际上，真实情况比这更复杂，这取决于人类希望生存其中的背景环境。在适应过程中，人体的效率很高。无论是在地球、火星甚至月球上，航天员们最终都会适应所处的环境以及环境对身体的要求。那些在国际空间站生活的人，已经适应了在微重力环境下生活和执行任务，包括被认为超出地球上正常生理极限的人类生理的适应性变化。当返回地球时，尽管在地球重力的影响下，他们对地面生活有些不适应，却能在着陆后的几周到几个月内，恢复到升空前的水平。按照NASA截至2015年的标准，结束6个月的国际空间站任务后，航天员在回到地球后的前45天中，每天要运动两小时。

> 我觉得不大可能在火星上做什么高要求的工作，因为可能除了努力生存，我们什么都做不了。同样，早亡的可能性很大，尽管我并不想死，但我也知道死亡无法逃避，所以我希望能死得其所。
>
> **“火星一号”申请人**

一般来说，长时间太空飞行会影响心血管、肌肉、骨骼、神经腱、神经系统和呼吸系统等发生生理变化。主要生理变化包括骨质流失、肌肉萎缩，伴随着肌肉的力量、耐力和横截面损伤，神经功能障碍，神经肌肉机能减退，视力减退，心血管和肺部的去适应作用。

从国际空间站的长期飞行任

务，到火星表面任务，是个巨大的飞跃，对人体健康和机能的影响，也充满了未知和不确定性。例如，与在近地轨道相比，火星移民任务会导致辐射暴露增加，可能加剧上述慢性或退化性疾病，并最终影响航天员的健康和航天任务本身。

长时间（超过6个月）暴露在零重力和弱重力（重力大于零，但小于地球上的正常重力水平，如月球表面）环境下的影响仍有待观察。国际空间站任务的标准时长为6个月，而飞往火星的时间可能长达10个月，接下来还要加上在火星上完成任务的时间。国际空间站任务也有持续时间更长的，例如，2015—2016年有航天员执行了长达一年的任务，这有可能帮助科研人员和任务规划者更好地了解未来火星移民任务的各种未知因素。然而，火星移民极有可能成为试验品，因为火星移民任务对人体的影响最有价值的分析数据，将来自早期任务。

每天锻炼2.5小时，每周6天

在载人航天飞行中应用运动对抗措施，始于20世纪60年代末到70年代初的“阿波罗计划”。在“阿波罗计划”执行期间，航天员使用了各种各样的健身设备，如Exer-Genie、Mark III，基本上属于紧凑型电缆电阻装置。天空实验室中的锻炼设备包括，作为航天员主要锻炼装置的一辆脚踏车，用于上身运动的惯性轮锻炼装置，用于下肢运动的桑顿（Thornton）跑步机。天空实验室的工作人员还使用下体负压（Lower Body Negative Pressure，LBNP）装置，模拟地球引力对下肢血流量的影响，特别是抵消空间飞行导致的体液流向头部。这些早期NASA任务的航天员每天至少运动半小时，如“天空实验室 1 号”；最多 1.5 小时，如“天空实验室 4 号”。

俄罗斯联邦航天局也在同一时期进行了广泛研究，重点是在“礼炮号”和“和平号”空间站上的运动对抗措施。美国航天员在天空实验室使用了下体负压装置，航天员在“礼炮 4 号”任务执行期间，第一次使用了负压服（Chibis）装置。“礼炮号”空间站上的其他运动对抗措施设备包括跑步机，脚踏车测力计，用于耳前庭研究的旋转椅，为个别肌肉群提供电刺激、被称为“托努斯”（Tonus）的装置。

目前，俄罗斯联邦航天局和 NASA 的太空飞行对抗措施计划规定，在轨飞行人员需每天锻炼 2.5 小时、每周锻炼 6 天，以对抗微重力效应。任何太空飞行对抗措施方案的主要目标，都是为了防止人体完全适应太空环境，以便最大限度地降低零重力诱导下的去适应作用，以免在返回地球或其他天体（如月球或火星）时产生有害影响。

在天空实验室和“礼炮号”项目之后，运动对抗措施成为人类航天飞行任务中的标准要求，并在美国 NASA 太空运输系统（Space Transportation System）、国际空间站和俄罗斯“和平号”空间站项目中充分整合。不断研发用运动对抗措施维持和优化航天员健康与身体正常机能的方法，是所有航天国家和航天项目的当务之急。

开展有效的运动对抗计划

在飞往火星的旅途中，要维持火星移民的身体健康和人体正常机能并不容易。除了在航天器有限且极端的环境中长时间生活带来的挑战之外，实施有效的运动对抗计划，将使整个旅行变得更加复杂、困难重重。

其中一个困难是，飞往火星的航天器尺寸相对较小。国际空间站的工作人员可以使用各种锻炼设备，开展多模式运动对抗计划，包括脚踏车测力计、跑步机和力量训练装置，然而这种模式只适用于国际空间站的庞大尺寸和结构。

更为重要的是，所有火星运载航天器都装备有高耐久性的有效运动设备，以防止飞行期间产生故障。对抗锻炼设备的设计，主要针对有氧和无氧运动，产生高强度和低强度负载，且允许不同个体的锻炼，以进行全身强度训练。火星任务的综合对抗措施还应包括感觉运动区和耳前庭的适应练习和训练，以缓解零重力持续时间延长引起的中枢神经系统脱敏，导致人体机能减退。

在飞往火星途中，火星移民必须准备应对飞行中的异常状况或紧急意外事件，如在零重力下的紧急舱外活动（Extravehicular activity，EVA），这可能需要高水平的适应性。NASA 太空任务能源消耗的数据统计表明，航天员在舱外活动期间，每小时会消耗 238 千卡能量，其中一部分是由加压活动产生的。

除了为应对太空突发事件训练航天员外，任务规划人员还应仔细评估航天员在每个阶段执行的任务。这种关键分析很有必要，它能使航天员更好地理解每个任务的物理和性能要求，以及为圆满完成指定任务而必须满足的相关适合性

> 远离亲友是个很大的牺牲；在我看来，它远远大于任务对身体的伤害。
>
> **“火星一号”申请人**

和最小性能值。这些信息可用于制订全面而有针对性的运动对抗计划。

最后，利用航天器内的大型内部离心机或通过旋转整个航天器产生人工重力，也是未来火星任务发展对抗措施，需要考虑的因素。未来对生理学和对抗措施的研究可能证明，使用递增的重力加载对抗措施，将是一种有效的优势技术，可用于在微重力环境中（如飞往火星期间）或在长时间飞行后，提高人体对重力的反应速度。随着人工重力的使用和有效性研究的持续推进，我们也会意识到，人工重力作为一种对抗措施具有相当大的潜力。

任务的成功不仅取决于工程学和火箭技术，还取决于人的参与度。为了确保太空任务的安全和成功，一些重要事项不能被忽视，包括飞行前的身体检查和一般准备，开发使用高效的对抗措施，以及起飞后全面的身体修复与适应。

火星生活的第一个月：适应重力与身体恢复

对未来的火星移民来说，火星生活的第一个月是最关键的。在零重力环境下度过漫长（6~10 个月）的火星旅途之后，移民的身体将发生诸多调整和变化，并导致人在火星上的生活效率变得低下。尽管在飞往火星期间身体的失调在所难免，但在降落到火星表面后，可能会发生紧急情况，火星移民此时要能迅速开展高强度工作。同样，一旦成功登陆，火星移民必须快速着手建立定居点，这将成为这颗红色星球的生命摇篮。

着陆后，从成功离开着陆器开始，火星移民大部分情况下都是孤立无援的，他们不得不依靠自己和同伴。肩负压力在火星重力下工作，尽管在地球上的我们看来安全执行任务很容易，但对火星移民来说，却是巨大的挑战。航天员在国际空间站的任务结束后返回地球，在出舱时会由专门的技术人员协助脱下航天服。而在无辅助或仅有少量辅助的条件下，完成出舱以及穿脱航天服等简单但相对苛刻的任务，是火星移民要独立完成的基本任务。尤其值得注意的是，长时间太空飞行会对人的感觉系统和运动系统造成影响，如何减轻在平衡、运动、眼手协调、感知、动态视觉敏锐度和凝视控制等方面的影响，关系到部分重力下完成关键任务的能力。这样的任务包括驱动探测车和操作复杂的远程系统，如遥控操纵器和其他工具。

火星移民成功离开着陆器后，必须立即开始建造定居点。这项精确、简单而严苛的任务，留给火星移民用于着陆后恢复身体或适应和调整的时间很短。因此，我们可以合理假设，任务设计者和规划者应充分考虑预计的工作量，以及火星移民在着陆后前 30 ~ 45 天内要执行的任务。建议增加任务复杂性和工作量，以为移民们提供足够的时间，重新调整并适应重力环境。同时，对过于激进和苛刻的工作计划，应尽可能减少导致航天员受伤或致残的风险。任务设计者还应考虑工作强度协议，以协调在定居点内进行施工、地表勘探和环境健康管理（Environmental Health Administration，EHA）的任务计划。实施先进的工作强度合同，要完成必要的总结，同时为火星移民提供积极、渐进的修复手段。还要考虑不同操作的准备程度和适应性，这些差异可能存在于不同族裔的航天员中。

定居之本：实现新的体内平衡态

与地球一样，选择和实施精心设计的锻炼计划，对火星移民保持身体健康和最佳机能，具有至关重要的意义。虽然，我们在太阳系内的居住地可能会改变，但我们作为人类的基本生理需求仍然相同，包括对定期进行身体活动的生理需求。

一切都从理解和掌握基本知识开始。无论你目前主修的科目是数学、语法还是运动，没有打好基础，就不会有进步，更无法精通，运动尤其如此。目前还没有方法能实现长期重塑火星重力（约为地球重力的 3/8），但这对充分研究不同重力条件下的人类运动可能性很有必要。

在地球上，模拟火星重力有两种方法，抛物线飞行和使用专门的重力卸载装置。这两种方法都有缺点，几乎无法开展火星表面任务分析、出舱活动的代谢成本以及人类运动方面的有效研究。同样，这些相同的模拟训练并不能达到目的。当着陆在火星表面时，火星移民需要在一个陌生且全新的环境中行动。正如人类在地球上正常的运动发展，包括中枢神经系统的发展，火星移民也可以从运动训练计划中大大受益。这一计划是重新明确自身与人类运动基本模式的一种手段，我们要的不是零重力下日常生活的一部分（步行、爬行、踏步、攀爬、负重、跳跃和托举），而是在其他行星表面日常生活的一部分。这种针对运动适应和学习的基础方法，是更高级和特定任务条件下运动的基础，重点在于提高火星建造和勘探任务所需的准备程度，在零重力飞行期间，将大脑的运动技能从相对沉睡的状态中"重新唤醒"。

全面、有效的运动对抗计划，对未来火星定居点的意义不容低估。它对火星移民的生存至关重要，应当被视为人类所有太空探索方案的中长期任务以及行星表面任务架构中的关键要素。

人体生理系统在太空中的需求，与地球上人体生理系统的需求并无不同。但应注意，操作环境及其相关需求将决定需要有哪些必须满足的特定要求，以便使每个独立的生理系统保持最佳的生理功能水平。人体是一种令人惊奇的、能迅速恢复且适应力极强的有机体，通过合适的身体条件、技能训练和工作与休息的比例，并给予滋养和长期维护时，它将找到一种达到体内新平衡态的方式，保障身体机能正常，实现生生不息。

第二部分

火星移民指南之软技能篇

如果你情商高，那你可能是移民的第一人选

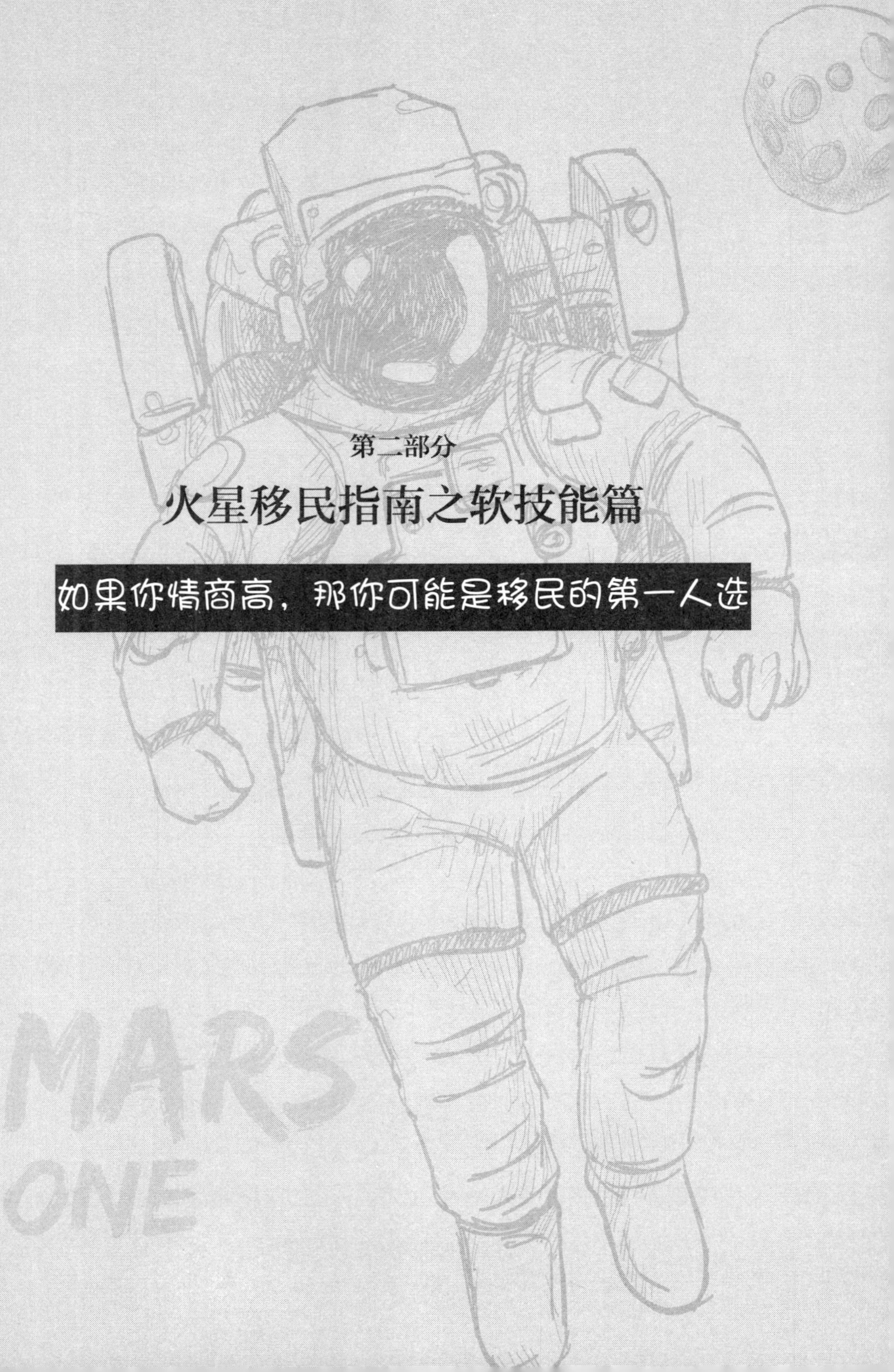

导读

软技能更为重要

第二个踏上月球的人叫巴兹·奥尔德林（Buzz Aldrin）[①]。2013 年他写了一本叫《火星任务》（*Mission to Mars*）的书，他在书中写道：“我们需要那些能通过沟通表达自己感受的人，而不仅仅是飞行员和工程师。”我们不能忽视技术在太空飞行任务中的重要性，但在忙碌的飞行训练计划中经常被忽视的，却是航天员要面对的一些不甚明显的挑战，比如，如何沟通、如何协作、如何进行团队互动、如何在艰苦的条件下有效生存。在“火星一号”任务中，有两个最重要的因素：一是帮助火星移民候选人建立有效的人际关系；二是挑选最有希望的候选人。两者都与个体无关，而与候选人在团队中发挥作用的能力有关。这个过程涉及的标准，超出了太空飞行任务现行标准对航天员能力的要求，也不仅仅是要建立一个实体社区，更是要建立一个有归属感的社区。在这种情况下，能否谨慎选拔出候选人，将决定这一任务的成败。

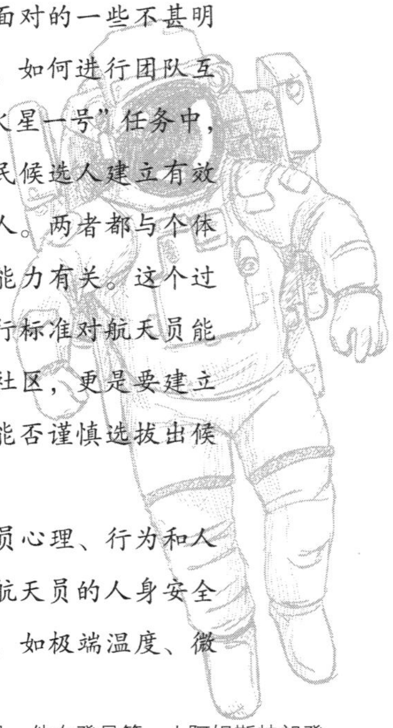

自载人太空飞行开始以来，与航天员心理、行为和人际关系相关的紧急事件时有发生，危及航天员的人身安全和航天任务的成功执行。各种物理压力，如极端温度、微

① 巴兹·奥尔德林，“阿波罗 11 号”登月航天员，他在登月第一人阿姆斯特朗登上月球的 19 分钟后，成为第二位登月英雄。——译者注

重力、太阳和银河宇宙辐射以及大气压力缺失，是太空环境的典型特征。虽然我们在某些方面取得了重大进展，如提供必要的工程硬件和生命支持系统，以克服太空生活面临的压力，并在恶劣的太空环境中维持生存等，但长期太空任务也要求航天员必须具有高水平的团队协作能力。

在登山和极地考察的历史记录中，我们会发现有很多队员心理崩溃的案例。据推测，这是由长期隔离与封闭导致的，严重的环境压力加重了心理压力。这些心理压力因素导致了个人心理问题，降低了团队凝聚力，甚至危及任务的成功完成。此外，美国医学研究所（American Institute of Medicine）的一份报告表明，国际航天员的文化背景差异，也是长期太空飞行任务面临的重要问题。“火星一号”选拔委员会的一位成员表示，为了让来自不同国家的候选人能安全地开展火星任务，必须解决所有潜在的人际关系难题。

从长期太空飞行和太空模拟环境获得的经验表明，强大的技术技能、良好的健康状况、无精神疾病，这些并不能确保航天员的表现，还必须重视人际交往的诸多技巧，因为它们将帮助航天员实现有效合作，并对整个团队的表现产生重要的积极影响。

“火星一号”顾问雷伊·卡斯博士参与了与加拿大、俄罗斯和美国等国航天局合作的多项太空研究课题。她的文章（即第 4 章）很有吸引力。她从历史角度讨论了掌握非技术能力的重要性，及其对火星移民选拔和培训过程的影响。卡斯博士还强调，不仅在火星日常生活中，而且在飞向火星的旅途中，移民们必须认识到，情绪、智力和人际关系能力，都将发挥至关重要的作用。

安迪·塔马斯（Andy Tamas）的文章（即第5章）内容翔实、引人入胜，进一步探讨了这一主题。发生冲突后，研究冲突发展的专家侧重于加强人力资源管理、跨文化的团队建设和沟通，而塔马斯侧重于研究文化差异的相关问题。他认为不同的文化层次确实存在,个体文化的隐藏程度,将影响一个人对他人的看法。接着，塔马斯解释了如何分析跨文化交流的能力和团队决策过程，帮助火星移民管理个人情绪和行为，使他们更加团结，并积极投入工作。

在第6章，我们探讨了年龄和老龄化对第一批火星移民的影响。文章对100多位“火星一号”申请人中的13位申请人进行了采访，详细说明了火星移民在不同年龄段所具有的优势，以及不同年龄混合组队可能面临的挑战。文章还记录了移民在火星而非地球上老去时，可能体验到的喜悦和失落，并比较了这两种感情可能导致的差异。文章结束时，作者还提到了代际之间的团队合作，以及如何在火星上创造新文化。

第7章由罗尼特·卡克（Ronit Kark）博士撰写，探讨了火星移民任务的性别问题。卡克博士是以色列巴伊兰大学（Bar-Ilan University）心理学系组织行为学的终身高级讲师，也是一位卓越的领导层性别研究专家。他在文中探讨了传统性别和性别角色偏见对“火星一号”候选人选拔的影响，以及选择不同性别移民的优点。最后，卡克博士还分析了当来自地球的男女在火星上定居时，应如何重新思考性别关系。

04

打包去火星前，
别忘了打包你的人际交往能力

雷伊·卡斯博士

加拿大蒙特利尔康考迪亚大学（Concordia University）应用人文科学教授，目前指导研究生学习理论课程。

卡斯博士以其现代、前沿、与时俱进的研究风格和成果而闻名，她的太空科学和群体理论研究经常在加拿大和国际新闻中引发强烈反响。卡斯博士还被邀请参与加拿大航天局和美国 NASA 的许多太空研究项目，包括加拿大 CAPSULS 任务的心理实验和培训计划、俄罗斯 SFINCCS 任务以及美国国家太空生物医学研究所（NSBRI）与 NASA 艾姆斯研究中心的地面研究项目。

卡斯博士还撰写了《小组发展理论》（*Theories of Small Group Development*）以及其他三本关于群体理论的书，出版了 80 多篇学术著作，其中包括经过审评的专著、书评、学术期刊论文、未出版的手稿、报告与研究、学术会议演讲稿等。

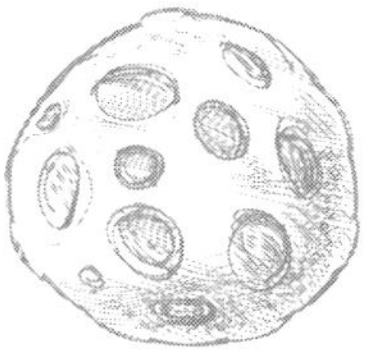

未来某天，你读到一则新闻（见图 4-1）：它看似不太可能，但人类很快将实现自 1969 年 7 月 20 日人类首次登月以来从未实现的太空梦想：踏上一个新世界。

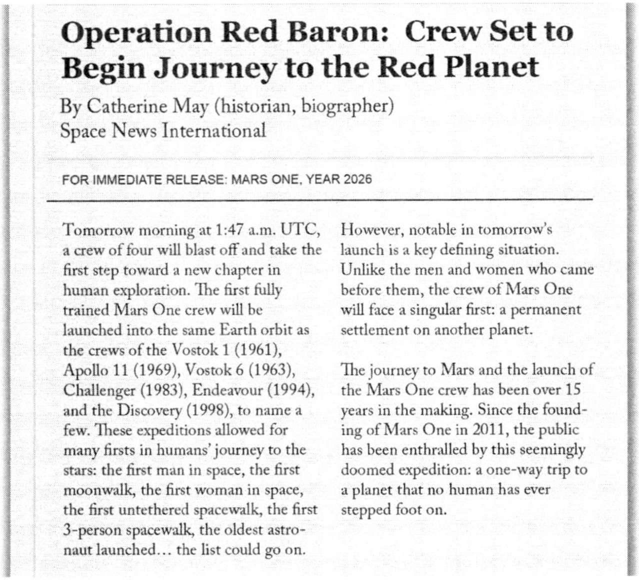

Operation Red Baron: Crew Set to Begin Journey to the Red Planet

By Catherine May (historian, biographer)
Space News International

FOR IMMEDIATE RELEASE: MARS ONE, YEAR 2026

Tomorrow morning at 1:47 a.m. UTC, a crew of four will blast off and take the first step toward a new chapter in human exploration. The first fully trained Mars One crew will be launched into the same Earth orbit as the crews of the Vostok 1 (1961), Apollo 11 (1969), Vostok 6 (1963), Challenger (1983), Endeavour (1994), and the Discovery (1998), to name a few. These expeditions allowed for many firsts in humans' journey to the stars: the first man in space, the first moonwalk, the first woman in space, the first untethered spacewalk, the first 3-person spacewalk, the oldest astronaut launched… the list could go on.

However, notable in tomorrow's launch is a key defining situation. Unlike the men and women who came before them, the crew of Mars One will face a singular first: a permanent settlement on another planet.

The journey to Mars and the launch of the Mars One crew has been over 15 years in the making. Since the founding of Mars One in 2011, the public has been enthralled by this seemingly doomed expedition: a one-way trip to a planet that no human has ever stepped foot on.

图 4-1　关于火星之旅的新闻报道

“红色男爵”重现：航天员即将开始红色星球之旅

作者：凯瑟琳·梅（历史学家，传记作家）

国际太空新闻

即时发布：火星一号，2026 年

世界标准时间明天凌晨 1 点 47 分，4 名火星移民将乘坐宇宙飞船飞往太空，书写人类探险史上新的篇章。接受了全方位训练的“火星一号”首批移民将进入地球轨道,正如之前的“东方 1 号”（1961 年）、“阿波罗 11 号”（1969 年）、“东方 6 号”（1963 年）、“挑战者号”（1983 年）、“奋进号”（1994 年）、“发现号”（1998 年）等。这些太空探索活动创造了许多奇迹：人类第一次进入太空、第一次月面行走、第一次有女性进入太空、第一次无系绳太空行走、第一次 3 人太空行走、年龄最大的航天员进入太空……这一奇迹仍在继续。

明天的发射很有看点，具有重要意义。与以前进入太空的航天员不同，“火星一号”的航天员们将面对前无古人的第一次：在火星上永久定居。

人类已经为火星之旅与移民火星准备了 15 年。自 2011 年“火星一号”计划实施以来，公众已经被这次看似前途渺茫的探险深深吸引：这是人类前往其他行星的一次前所未有的单程旅行，这些英雄将不再回来。

图 4-1　关于火星之旅的新闻报道（续）

即将诞生的新世界

人类将面临前所未有的挑战与刺激，这是火星移民任务最令人激动的地方。一往无前地走向目的地，卷入无路可退的复杂人际关系，还要经受远离地球和亲人以及无尽的痛苦光阴，这该是怎样的使命啊！

可以预见，在火星上建立人类定居点的过程极其复杂。火星虽然在太阳系内，但仅凭肉眼很难看见。除用望远镜直接观测外，我们对这颗星球的了解只能依靠火星轨道上的或火星表面的探测器。“火星一号”不仅在执行一项使命，也在探索未知。2030 年，首批火星移民将按计划登陆火星，并在那里建立人类定居点。“火星一号”的组织者将给我们提供这个独特的机会，并以此激励后代，让他们相信，一切皆有可能。

要想顺利完成任务，火星移民候选人需要的不仅仅是技术。火星移民将生活在同一个社区，彼此依赖：不仅是为了生存，也是为了在面对未知时保持健康的心态。这次任务的独特之处在于，最终选拔出的移民将不再回到地球，这是一次单程旅行！

这个极具挑战性的重要任务，很像人类早期历史中的定居者和探险家，很像横跨太平洋、发现孤岛的波利尼西亚人的祖先；又像 1914—1917 年欧内斯特·沙克尔顿（Ernest Shackleton）徒步横穿南极大陆的著名探险。在轮船被坚冰击破后，沙克尔顿进行了史诗般的斗争，拯救了一行 28 人的生命，这是一个挑战未知的激动人心的故事。这种航行非常危险，而且几乎无法

> 我很有远见，像个梦想家。我喜欢挑战，喜欢把不可能变成可能。
>
> **“火星一号”申请人**

充分评估即将面临的风险，火星移民任务也是如此。沙克尔顿曾刊登广告招募船员，尽管大家都认为这个任务很危险，但依然应聘者云集。

船员招募

> 这是一次危险的旅行，报酬不高，且天气寒冷刺骨，长期干燥，危险频发，尚不知能否安全返回。然而，一旦成功即可赢得无限的荣耀和奖励。
>
> 欧内斯特 · 沙克尔顿
> 伯灵顿街 4 号

在几乎没有任何准备的情况下，他们想方设法征服未知。2010 年 8 月，在沙克尔顿带领船员抵达南极的 100 年后，智利 33 名矿工被困在地下 69 天，最终他们都奇迹般地活了下来（即智利圣何塞铜矿矿难）。几乎每一个将要开始航行的人，就像波利尼西亚人或沙克尔顿一样，都清楚地知道，自己可能永远都回不来了。

MARS ONE 火星生存游戏

这究竟是为了什么？是什么原因让他们离开熟悉的家园，前往未知世界呢？让我们以“火星一号”为例，思考一下这个问题。

考虑到旅途性质，我们可以假定，沙克尔顿最关心的是找到队员和船长。但他清楚选拔和培养健康团队的重要性。沙克尔顿曾经错过了成为抵达南极点第一人的机会。在早期南极探险中，他距离南极点目标只有97公里，但为了挽救自己和同伴的生命，他决定返回。作为一个成功的南极探险家，他和队员们不得不在这片未知的土地上奋力求生。正是成员之间的团队协作以及沙克尔顿卓越的领导能力，让他们克服一切困难活了下来，并在22个月后获救。

沙克尔顿擅长在异常情况下运用团队动力学和心理学知识，他能把自己的勇气和乐观传递给队员。如果没有他强有力的领导，有些人可能就放弃了。沙克尔顿也擅长发现什么类型的人是他在旅途中想要的：导航和探索技能固然重要，但并非决定性因素，他选择了音乐家、故事大王、舞蹈演员等愿意表演的人。在《危机环境下的领导力》（*Leading at the Edge*）一书中，该书作者阐述了沙克尔顿的这一选择如何帮助船员保持了高昂士气，让他们得以在艰难的旅途中转移注意力。

正如赫伯特·莱夫库特（Herbert M. Lefcourt）在其著作《幽默》（*Humor*）中指出的，为了调节漫长的未知旅途，沙克尔顿和船员们每天都聚在一起，玩游戏、唱歌、庆祝生日和节日。船员托马斯·奥尔德-莱斯（Thomas Orde-Lees）一直认为这些节日没有用，不过是在转移注意力，但他后来却在日记中，把其中一个庆祝活动视为他生命中最幸福的日子。

沙克尔顿坚持要求每个人都参与这些活动，以防孤独和思乡情绪让船员士气低落、意志消沉。当遇到危险，船被碎冰团团围住，船员身陷其中时，沙克尔顿会提议进行一项令现在很多科学家都感到惊讶的活动：小组理发，即让船员们一个接一个地给另一个人理发，沙克尔顿还会带头做第一个。这个活动有两个目的：一是娱乐船员，二是赋予他们共同的身份象征，加强彼此间的联系。

圣何塞铜矿矿难中的矿工被困在700米深的地下，最后都被成功救出。其中一个名为阿里尔·蒂科纳（Ariel Ticona）的矿工，通过视频看到了女儿埃斯佩兰萨（Esperanza，西班牙语中意为“希望”）的出生，因而对生活充满了期待和希望。另一个名为马里奥·塞普尔维达（Mario Sepulveda）的矿工则解释说，工作让他保持了精力。

幽默会帮助我们，笑比哭容易得多。我天生就会讲笑话。当其他人陷入绝望时，我就会跟他们开玩笑……我总是像小丑一样，故意逗别人开心。我知道，对我来说，继续搞笑很重要。要是我停止搞笑，他们就会失去希望。但有时候，开玩笑也很难，他们会说，这是小丑的眼泪……但为了鼓舞士气，我不得不继续这样做。

还有一个矿工，在被救时把石头带了出来作纪念，并把它作为礼物送给救援人员，引得他们哈哈大笑。

虽然没有人提议在火星移民中安排一个魔术师，或者强调任务期间理发的重要性，但上述例子表明，沙克尔顿和智利矿工们明白，某些东西就是很重要。即使在面临危险的情况下，团队依然需要幽默和游戏，以帮助他们保持士气，渡过难关。这一重要经验将有助于确保火星移民顺利抵达目的地。

生死关头

沙克尔顿也擅长决断什么时候需要适当的冒险以推动远征。即使成功率不高，他也愿意作出艰难决定。在艰难的现实中，他依然能对前景保持乐观。

那次远航的官方摄影师弗兰克·赫尔利（Frank Hurley）一直在拍照、冲洗照片，并将它们存放在相册中。当沙克尔顿的“持久号”（Endurance）轮船的船体被冰块破坏，开始下沉，赫尔利赶紧保存底片。沙克尔顿带头，把金表和其他财产扔在冰上，命令每个人只留下一千克重的财物。赫尔利觉得，沙克尔顿更珍惜这些艰难时刻留存下的远征记录，以供纪念。他们一起整理了底片，不合格的底片，赫尔利就毫不犹豫地丢弃。他扔掉了约 400 张底片，只留下 120 张，连同他的相册和拍摄的影片一起放进罐子里密封起来。然后，赫尔利丢掉了摄像机。

船最终还是沉了，船员们不得不在浮冰上搭帐篷休整。沙克尔顿努力在最坏的情况下找到最好的解决方案，最终决定前往离他们最近的、距他们约 560 公里外的地区。为增加成功率，他告诉船员们，他们只能随身携带一些必需品，不得不“残忍”地丢弃其他东西，这意味着他们无法带上木匠的猫“花栗鼠太太”①。

① 沙克尔顿横穿南极大陆远征时带的一只可爱的猫，“持久号”轮船沉没后被射杀。——译者注

船员们完全忠于沙克尔顿，尊重他的判断，这个艰难的决定以及许多其他必须做的事情，都得以顺利实施。

工头路易斯·乌尔祖亚（Luis Urzúa）是最后一位被救出的智利矿工，他说，通过民主决策，他把大家团结起来："我们试图回答，我们能做什么、不能做什么。"矿工理查德·维拉里尔（Richard Villaroel）说："我们冷静民主地作出决定。如果做不了决定，大多数人仍然是赢家。"乌尔祖亚还说："只要你说出真话，相信民主……所有事情都投票决定……我们正好有 33 个人，所以超过 16 票就是多数。"

即使在生死关头，明确的决策过程也有利于作出抉择。多数情况下，即使作出的决定无助于生存，仍可以分组寻找办法。

小任务也有意义

在沙克尔顿和智利矿工的未知旅途中，都把有意义的事情和技术工作当作工具。

在《沙克尔顿的领导艺术》（*Shackleton's Way*）一书中，作者马戈特·莫雷尔（Margot Morrell）和斯蒂芬妮·卡培尔（Stephanie Capparell）记录了一件事：狂风肆虐，一位船员突然说他想自杀。沙克尔顿的办法是，让此人暂时代替曾经也崩溃过的厨师。沙克尔顿后来说："在厨房看炉火，会降低突然崩溃的概率。事实上，后来我发现，对于挂在我们晚餐牛奶附近的一双脏袜子，他会一直非常关心是否晾干了。"每个船员都被分配了任务，其中包括沙克尔顿自己。他经常帮别人做一些枯燥而琐碎的工作，并在第一时间帮助或代替伤员或病人的工作。船沉之后，船员们变得更加绝望，沙克尔顿就分配了一些常规任务，让大家轮流做，而其他任务则根据队员的性格具体选择。莫雷尔和卡培尔提到，大家的信心和能力得到了提高，船员之间的关系进一步加强。

对智利矿工来说，尽管他们可能再也回不到地面，但他们觉得，做些有意义的工作十分重要。

据报道，矿工们根据自己的技能做着不同的工作。例如，扬尼·巴里奥斯（Yonni Barrios）发挥他的急救技能，担任团队医生；马里奥·塞普尔维达利用他的沟通能力，在向外界发送的视频中传递信息；丹尼尔·赫莱拉（Daniel Herrera）被指定为医疗助理，收集和反馈上述努力对矿工们的影响。塞普尔维达还说："我们立即组织工作组，寻找逃生路线，保持生活区清洁，在矿井中巡逻，试图发现救援迹象。"维拉罗尔也同意这一点："机器也是我们团队的一员，我们会找人检修卡车。其他人则把食物收集到一起，定量分配。"

团队合作对他们完成工作很有裨益。对火星移民任务来说，团队成员在旅途期间的相处，可能比技术工作本身更重要。

但这些东西为什么很重要？为什么要确保火星移民是一个团队，而不仅是拥有共同目的地的个人？如果技术可以支持这一任务，那么到达火星的过程不过是实现这一任务的手段，重点在于目的地，而非旅途。

我们必须意识到，这些移民将到哪里去。太阳系中的一颗颗行星，实际上是宇宙中的一个个岛屿。沙克尔顿当年刊登的用来吸引船员的招募广告，也可以用来描述火星移民自身的处境。

火星，才是真正的训练场

火星移民任务将为世界各国的科学家提供合作共事的机会，完成以前似乎不可能做到的事情，飞往火星，并建立永久定居点。研发必需的工程设施和生命支持系统，承受外太空的物理压力，使人类在极为恶劣的环境中得以生存。尽管这些方面已经取得了重大进展，但是否真的已经足够?

NASA 在航天员选拔和训练方面已经做了许多工作。然而，长期航天飞行和太空环境模拟得到的经验表明，强大的技术能力、良好的健康状况、无精神疾病，这些并不能确保航天员的高效表现。长期太空飞行任务对航天员的精神状态提出了极高要求。在为火星移民任务做准备工作时，必须检查并解决新移民的精神问题，这比解决身体方面的问题更加困难。虽然，我们要确保前往火星的航天员能熟练运用科学和工程学思维，这显而易见，但忽略以前的许多技能也可能带来灾难。

目前，为飞行任务选拔的航天员，大多符合玛丽·罗奇（Mary Roach）在《打包去火星》（*Packing for Mars*）一书中描述的形象，即“像个听话的乖孩子，是一个听从指挥、遵守规则的成年人”。如今的太空任务，有一套特定的训练和准备工作，保证航天员在开始和结束时有一个适应的过程，但火星移民任务并非如此。飞往火星的旅途的结束并不等于航天员任务的结束，只有在着陆后，训练才真正开始。虽然，在发射前航天员将尽最大可能进行训练，但火星才是他们真正的训练场。

一旦着陆，火星移民将面临在地球上无法具体设想的环境和情形。沙克尔顿的队员进入未知的南极大陆，返回时仍满腹疑虑。

“持久号”沉没后，他们开始了远征中最惨痛的旅程，尽管凶多吉少，但仍保持乐观。是什么让他们保持乐观？最有可能的，是团队成员对沙克尔顿的深深信任、强烈的团队意识以及对团队能力的信心，三者缺一不可。火星移民也需要培养这些精神，一旦在火星生活，他们将在一片未知的土地上建立居住社区，时刻面对着无法预知的挑战。而与建立实体社区相比，构建情感社区更为重要。火星移民必须明白，在着陆前建立社区意识，对成功至关重要。

太空危机：严重的航天员事故

自苏联和美国开始载人航天飞行以来，曾经发生过航天员心理、行为和人际关系方面的危机事件，并危及航天员的安全和任务的成功。瓦伦丁·列别捷夫（Valentin Lebedev）和安纳托利·别列佐沃伊（Anatoly Berezovoy）在太空中共同度过了211天，却并没有经常交流。其中一人在日记中写道：“我对自己说，我在太空中游荡。我还能有机会回到地球，回到亲人身边吗？一切还好吗？”另一次任务中，一名航天员对地面控制台大喊：“快让我们回去，我无法再和这些僵尸们（指他的航天员同事）一起工作！”

> 我很随和，能与大多数人相处。有个智者曾告诉我，“脸皮厚、脾气好、生活乐观的人，能在狭窄空间里生活得最好”。这位智者指的是长途航行的航天员，但我认为他的智慧同样适用于火星任务。
>
> **“火星一号”申请人**

瓦莱里·赖明（Valery Ryumin）曾两次进入“和平号”空间站，共待了半年，他在日记中写道："要是你把两个人关进一个 18 英尺 ×20 英尺（约 5.5 米 ×6.1 米）的太空舱，并让他们共同待上两个月，就满足了实施谋杀的所有条件。" 1985 年，执行太空飞行任务的航天员弗拉迪米尔·瓦苏图廷（Vladimir Vasyutin）因为再也无法坚持下去，而不得不返回地球。据报道，他非常沮丧，害怕死亡。美国天空实验室空间站的航天员为抗议超时工作，曾整整 24 小时切断了与地球之间的所有通信。这些例子充分显示，太空任务仅有技能是远远不够的。

比学开飞机还难的事

巴兹·奥尔德林曾经谈到过那些通过选拔进入太空的人："大家的技术能力都非常好，但我们得学会沟通。" 他是什么意思呢？教会人们如何交流，比教会他们驾驶飞船更容易。

团队容易群情激愤。实际上，任何曾在团队工作过的人都会注意到，团队的消极情绪不可避免会造成影响。几乎任何一个有团队工作经验的人，都曾因为没有照顾到团队情绪而降低工作效率。医生特拉维斯·布拉德伯里（Travis Bradberry）和琼·格里夫斯（Jean Greaves）在《情商 2.0》（*Emotional Intelligence 2.0*）一书中提到，清醒时，我们平均每小时将经历 27 次情绪体验。如果每天约有 17 个小时处于清醒状态，那么每天可能经历 459 次情感体验。如此一算，一个人每周将经历超过 3 200 次情绪体验，每年就要经历 17 万次情绪体验。这些令人惊讶的数字，突显了建立和培养团队情商的重要性，特别是大多数情绪又都发生在工作时间。

科学家称，人有两个大脑和两种不同智力：理性大脑和感性大脑，控制着人的思想和行为方式。两个大脑就像连体婴儿一样相互关联，一个失望，另一个也会失望。当我们感到焦虑或痛苦时，感性大脑会接管理性大脑，并使其瘫痪。虽然智商很重要，但并非全部。在决定成功的因素中，智商最多只占 20%。即便在高智商人群中，最有价值的人仍然是那些愿意倾听、支持、同情他人，能与他人合作并达成共识的人。这些基本能力十分重要。是什么导致了这种差别呢？是情商（EQ）。

情商有何意义？情商与火星移民在旅途中的工作效率有何联系？它为何如此重要？

情商比智商更重要

情商是两种技能的产物：个人能力和社会能力。情商的核心是自我意识和自我调节。换句话说，情商是觉察到人的情绪，并知道如何规范和管理情绪。这两种能力既针对内部面向自我，也针对外部面向管理他人。表 4-1 列出了丹尼尔·戈尔曼（Daniel Goleman）的“情商四大支柱”，即自我评估、自我管理、社会觉察和关系管理。

表 4-1　　戈尔曼的“情商四大支柱”

不同情商能力	情绪觉察能力	情绪管理能力
个人能力	个人情绪的自我评估	个人情绪的自我管理
社会能力	他人情绪的社会觉察	他人情绪的关系管理

丹尼尔·戈尔曼写道："我们正通过新的标准做判断：不仅通过我们的智力或通过培训和专业知识，还通过我们如何处理与他人的关系。"我们将进入新的时代，对成功的生活来说，情商，即与人相处和做好决策的能力，有时比智力更重要。

低情商会导致移民无法在火星上工作与生活吗？真的会有影响吗？

1999年，莫斯科生物医学问题研究所（IBMP）进行了一次隔离环境中的火星模拟实验，旨在为更长时间的终极火星任务做准备。包括俄罗斯、日本、加拿大等国家的航天局和欧洲空间局在内的多家机构，都为这次模拟实验提供了支持。四名航天员中的三人作为被试，在密闭房间中待了240天，相当于在俄罗斯"和平号"空间站中停留的时间。实验的目标是测试不同国籍和文化背景的航天员在空间站中一起生活和工作，可能会产生哪些社会心理问题。科研人员检查了团队互动期间产生的问题，并测试了对抗措施，评估这些措施能否使航天员更好地处理太空任务期间由于缺少团队合作引发的心理问题，如评估团队互动的专业培训效果、人际交往的能力。他们要求航天员写日记、反思实验生活，然后与科研人员分享。

尽管所有航天员都有很强的技术水平，且拥有执行太空任务的经验，但他们的情商指标并没有被考虑在实验设计范围内。由于没有考虑航天员的个人和社会能力，导致了严重后果。如果他们真在火星上执行任务，可能会导致更严重的灾难。

一场因情商低引发的混乱

太空任务期间记录了这样一件趣事：航天员 A 由于嫉妒航天员 B 的英语很好而引发了事故。这种突然爆发的挫败感，导致两人拳脚相向，导致被牵扯进来的航天员 C 受伤，而航天员 A 则因此被孤立。

同一天晚上还发生了另一件事：一名女性航天员被一个男性航天员强吻。她在日记中记了下来，后来进行任务报告时也确认了这件事。那名男性航天员强吻了她两次，这使她认为自己被侵犯，并因此受到了伤害。不过，不在场的其他航天员并未在日记中提到这件事儿。

经过这些事件之后，一名没有直接参与任何事件的航天员试图关闭两个航天员之间的舱口盖。俄罗斯指挥官向任务控制中心报告了这一请求。任务控制中心则建议由航天员自己作出最终决定。大多数航天员对关闭舱口盖不感兴趣，但一名航天员坚持这样做，剩下的航天员则表示默许，导致舱口被关闭了三个星期。直到有一次，一名“到访航天员”要进入隔离舱，指挥官坚持要求把舱门打开。有趣的是，在舱口盖重新打开前，坚持关闭舱口盖的航天员退出了实验，离开了隔离舱。

航天员的日记表明，他们很清楚地知道他们在干什么，并以专业精神来处理。这些日记从多个方面显示，许多成员对他们正在干什么具有很高的自我意识，但对自我行为如何影响他人的意识则常常缺失。而且，他们几乎收不到同事对他们的行为或态度的任何反馈。这些日记还指出，航天员没有意识到其他人的想法可能与自己不同。航天员缺乏调节自我情绪、感受他人情绪的能力，再加上关系管理技能和文化理解的缺失，导致了各种混乱。情商不足不仅容易引发航天员之间的矛盾，也可能中断与地面任务控制中心的交流。如果这样的情形发生在火星上，人们的生命安全和任务本身将面临巨大风险。

EQ 行动计划

我要强调的是，航天员的高情商有助于建立健康、高效的社区。问题在于，如何发掘并维持团队成员的高情商？具体行动步骤是什么？

火星移民可以采取哪些行动步骤，才能让情商像技术一样发挥作用？这些行动步骤有助于培养个人和团队意识，调节大家的情绪（见表 4-2）。

事实证明，作为地球上团队成员“工具箱”的一部分，这些重要行动非常有帮助，它们对处理飞往火星途中偶尔出现的高度紧张情绪十分有用。

只有当我们愿意学习和接受他人的反馈时，表 4-2 所展示的技能才能充分发挥。航天员们需要练习、反思并重点开展注意力训练。换句话说，你必须使用情商技能来开展工作，在实践中时刻保持警醒并受益其中，因为当不在户外时，情商的影响力和价值就会下降。

为什么性格至关重要

鉴于火星移民任务的特殊性，在仔细挑选候选人时，不仅会要求候选人符合现有的通行标准，他们还要回答是否愿意和其他候选人建立和保持健康的关系（这一点十分重要）。

表 4-2　　提高情商的具体行动步骤

理解他人，换位思考	承认、认可、接触	建立信任和安全的环境
站在对方的立场来理解问题	承认他人的贡献、付出和周到的考虑	锻炼你的洞察力、正直、诚信和道德
在陈述自己的观点前，审视自己对他人观点的理解，然后分享自己的想法	在可能的情形下，以队友的想法、建议和意见为基础	允许他人指出并化解冲突
尊重不同观点	即便有不同意见，也要乐于接受反馈	承认差异和误解
经常询问未发表意见的成员，问问他们在想什么	对他人的照顾表示感谢	承认错误并勇于改正
对正在考虑的决定审视自己的理解和承诺	必要时提供情感帮助	避免指责、羞辱、背后议论他人
在任何所讨论问题上承认自己的分歧	倾听、倾听、再倾听	解决问题，而非相互指责

巴兹·奥尔德林曾经说过这样一段话：

> 毫无疑问，参与火星单程旅行的人们将是 21 世纪的朝圣者，他们开创了一种新的生活方式。这确实需要不同于传统飞行员、科学家或工程师，一群与众不同的人。选拔火星移民要考虑更多性格特质……处世灵活、有创造力和面对未知的决心。

火星移民需要的不仅仅是先进技术的推动，因为他们日后将共同生活，彼此依靠。不仅是为了生存，还为了能在面对许多未知情况时，仍然保持健康的心理状态。虽然技术能把他们送往火星，但团队合作才是确保他们日后生存的“法宝”。

“火星一号”官网（Mars-One.com）公布过选拔移民候选人会考虑的因素：

- 性别（女性 50%，男性 50%）；
- 年龄（最低年龄为 18 岁）；
- 既往病史；
- 国籍和语言；
- 社会心理因素。

最终的遴选目的是选出最坚定、最具创造力、适应能力强、积极主动、知识渊博的申请人。让我们来看看选拔过程的社会心理需求，毕竟，火星移民除了学会和睦相处外，他们别无选择。

然而，事情并非这么简单：候选人仅仅做到认可团队、管理个人情绪，避免产生负面影响，还远远不够，我们必须选择那些在人际关系方面有天赋的人。

其中的关键因素之一是态度，它是一切的基础。一个人在火星上，没办法回家，对自愿参加任务的决定产生怀疑，有什么可以阻止这样的行为呢？同时，深刻的目标感将有助于他们前行，因为人们总要评估是什么动机促使自己志愿参与这样的旅程。第三个要考虑的重要方面，是申请人建立和维持健康关系的意愿。这一点至关重要，因为火星移民将共同生活，不得不依靠彼此。

这不仅是生存，还是为了在未来的人生道路中面对许多未知情况时，仍能保持心理健康。

表 4-3 概述了火星移民选拔过程中需考虑的 5 个关键性格特征。

表 4-3　“火星一号”任务考虑的 5 个关键性格特征

性格特征	实际应用
恢复能力	◆ 保持活跃的思维，保持高效 ◆ 看到内在自我与外在自我之间的联系 ◆ 当事情非常糟糕时，仍能保持最佳状态 ◆ 不屈不挠的坚持精神 ◆ 他们明白，尽管虽然无法马上明确某些经历的目标，但一定有存在的理由 ◆ 坚持“我能行”的态度
适应能力	◆ 根据环境和个人状况进行调整 ◆ 他们清楚自己的极限，懂得何时扩展和如何扩展自身极限
求知欲	◆ 提出问题，进一步了解情况，而非简单地得到答案 ◆ 始终积极地参与求知过程，而不只满足于得到答案 ◆ 将知识展示给他人；不要展示他人已知的，不要与他人比较
信任他人	◆ 相信自己，相信他人 ◆ 信任他人才能作出良好的判断 ◆ 意识到自己什么时候开始产生不信任 ◆ 充分自信地信任他人（相信直觉） ◆ 回顾以往经历，有助于增强信任
创造力与智慧	◆ 能够应用这些方法解决即将面临的议题或问题 ◆ 不被之前学会的寻找解决方案的方式约束 ◆ 在适当情况下，把幽默作为创造性资源 ◆ 保持游戏人生的态度

此外，还必须充分强调自我反省的重要性。虽然我列出了要考虑的 5 个关键性格特征，但最重要的是团队成员自我反省的能力和开放态度。没有这个必备基础，其他性格特征就无法充分发挥潜力。

历史总在不可能的时候成为可能

人类的境况从本质上来说是解决危机：历史总在不可能的时候成为可能，而斗争是改变的推动力。

尽管必然会经历危机，但火星移民必须一起工作，共同作出重要决策，并确保所有人的技能都发挥出最大的潜力。另外，在未知旅程中庆祝成功也很重要。

与之前的探险家、先行者和冒险家一样，当火星移民升空，开始飞往红色星球的单向旅程时，地球“观众”的心弦将被紧紧牵动。当再无探索精神时，人类将会失去很多。

问题不在于我们能否将移民送达火星，而在于到达那里后能否成功生存。不是移民登陆火星的那一刻才算任务的开始，从他们踏上飞船的那一刻起，一切就已经开始。

05

所有的人际交往，都是跨文化交流

安迪·塔马斯

塔马斯自1975年以来一直提供跨文化培训和组织发展服务，最近还在饱受战争蹂躏的国家，如阿富汗、伊拉克和也门等国进行强化培训。他早期的工作涉及跨文化关系，以及在快速变化的社会中促进和谐与多元化，从而为他的国家建设活动打下了基础。

在此感谢迈克尔·邦德（Michael Bond）对本文的修改建议。

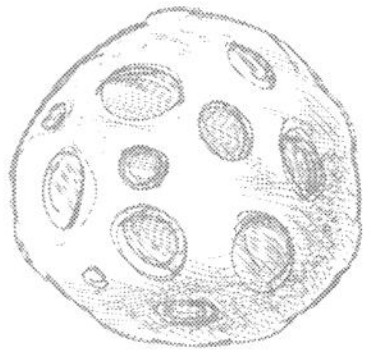

火星移民团队包括不同文化背景的成员。他们在孩童时期接受的教育有积极的，也有消极的。他们能够创造性地将不同事物组合起来，产生一些新奇、巧妙的方法，来解决人际冲突。虽然，探索跨文化关系的积极方面可能比探索其消极方面更有趣，但本文仍将集中讨论文化差异的相关问题。在文化、价值观和认知过程存在差异的情况下，要想成功完成火星移民任务，理解并管理与人际沟通相关的情绪和冲突，是必不可少。这不仅适用于为火星移民任务选拔的候选人，也适用于所有航天员。

几年前，我在高科技领域工作。在一次团队建设研讨会上，一位经验丰富的软件工程师说："硬技能就是软技能。"原来其团队成员难以将他们的不同才能和个性相结合，来创造他们有所了解且有能力发明的新产品。那位工程师的话一针见血：团队的每个成员都有着非凡的技术才能，但他们还需要一些软技能来结合不同的能力，从而形成统一、和谐的整体，促成他们想要的突破性成果。团队成员需要更好地进行情绪沟通、管理冲突，在和与自己的思想、情感和行为方式不同的成员进行交流时，学会掌控自己的情绪，而工程培训并不能教会他们这些能力。火星移民肯定也急需这些软技能。幸运的是，这些能力相对容易识别和学习。

人际沟通中，大部分的意义交换并不是通过语言进行的，重申这一众所周知的事实，是研究软技能的一个不错的切入点。一些分析师说，超过 80% 的意义交换是通过其他互动进行的，如语境、语调、非语言沟通等。那么感知系统如何接收更多的交流信息，并进行分析呢？理解日常生活中这一奇妙而复杂的问题，需要深入了解认知系统的运作过程。

驯鹿与石头

感官能够接收和分析的数据，远远多于我们意识表层停留的，而其余数据则交由后台处理。感知系统实际上是感觉输入的选择性失真。只有当这些图像与先前经验和原有认知范围相匹配时，才会被我们的意识接纳。我们通常只能察觉到那些与我们以前看到和听到的东西相似的事物，而那些不熟悉的事物，要么被忽视，要么被扭曲，难以与已知的范畴或图像相匹配。

有一天，在加拿大境内的北极地区，我和一位朋友（他是因纽特人）出门寻找北美驯鹿。我们爬上小土坡，眺望没有树木的荒原，看看有没有驯鹿。朋友说："我们太幸运了，那边大约有十几只。"然而，我只能看到大大小小、颜色各异的石头，几处小池塘，还有矮矮的灌木丛。如果没有树木，我甚至无法根据视觉标尺来帮我判断说看到物体的大小或距离，这太令人迷惑了。我

> 我在日本出生，并在那里度过了性格形成的关键期。对于我来说，在生活中参与、学习、理解不同的文化很简单。我甚至在一本幽默杂志举办的一次冒险中深入到墨西哥腹地；也曾多次访问纽约，还在阿拉斯加半岛度过了整个夏天，住在帐篷里，从事鲑鱼捕捞；还曾几乎一整年都待在乌纳拉斯卡岛（Unalaska）附近的渔船上。这就是文化！
>
> **“火星一号”申请人**

用他给我的双筒望远镜看，仍然只看到了各种颜色的石头，直到其中一块大石头变了颜色，从深灰色变成了浅灰色。“石头”移动了，它有腿，还长着角。那是一只驯鹿！

我从未见过野生驯鹿，我的感知系统跟我开了个玩笑，扭曲了我对驯鹿的视觉数据，让它看起来像我所熟悉的东西，大石头。但只要我发现第一只驯鹿，就可以看到其他驯鹿，我已经学会了要找什么。我们所看到的物体实际上经过了认知系统的过滤和扭曲，以符合我们的习惯，但它可能与实物不同。

这个故事告诉我们，要注意整个系统的工作，而不要盲目相信自己的感觉。这可能是一个挑战，因为我们看待世界和理解世界的方式是认知框架的基础，这是我们身份和个人文化的基础。而我们难以察觉这些要素，更别说改变它们了。

文化是情商的核心

火星移民团队的不同成员需要了解很多文化知识，如信仰、情感和人际关系等，也就是软技能。人类学家吉尔特·霍夫斯塔德（Geert Hofstede）和爱德华·霍尔（Edward T. Hall）花了几十年的时间研究这些问题。霍夫斯塔德称，文化是“心灵的软件”，

> 我以前的工作让我能与许多不同背景的人在一起。由于文化差异，我们的食物、衣着和语言明显不同。但总的来说，并没有碰到什么问题。
>
> **“火星一号”申请人**

决定着人和组织的功能。与大多数优秀软件一样，当它按预期工作时，实际上是在后台运行，很大程度上是看不见的。然而，不同文化背景的人对软件的操作方式不同，这些差异可能在他们交流时产生问题。

霍尔将群体文化描述为一套复杂而又无意识的规则，这些规则是在儿童时期学会的。一旦产生意识，这些规则很快就消失了，就像隐藏的潜艇在深海潜行。我们学习的大多数规则是“常规的”，或被认为是事情应有的方式。因此，很大程度上我们是看不到自己的文化的，但它就像是一块特殊形状的镜片，透过它，我们才能理解这个世界。

这些规则没有特殊的排序，可见性也不尽相同。霍尔用“文化冰山”的概念（见图 5-1），确定了三个层面的学习规则。

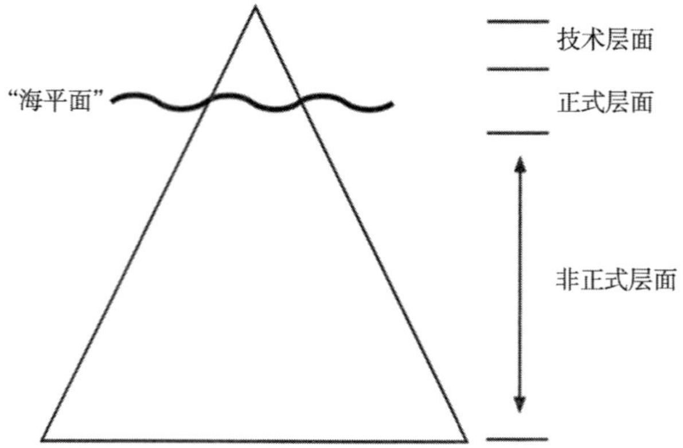

图 5-1　学习规则的“文化冰山”

“海平面”以上可见的一小部分“冰山”被称为技术层面的规则，这部分规则外人可以轻易学会。霍尔认为，语言、艺术形式、传统舞蹈等相似的事物，都属于这一层面。而且，改变或违反与这一层面的相关规则，通常不会引起群体成员的强烈情绪反应。

例如，我法语讲得相当不错，但经常弄错性别用语，会混淆阳性词语和阴性词语。当我用法语进行研讨时，参与者通常会忽略这些错误，也不会感到不安。他们将这些语法错误归因于我的法语不够流利，这种错误可以原谅。

霍尔把一套正式的规则看作一个相对较小的层次，这部分“冰山”位于“海平面”上下，有些看得到，有些看不到。他将与餐桌礼仪、人际关系规范以及其他类似社会模式的相关规则放在这一层。违反这些规则可能引起相对强烈的情绪反应，对人际关系产生负面影响。例如，不好的餐桌礼仪会影响普通员工向高级管理层的晋升。

更多规则是非正式层面的规则。它们全部处于“海平面”之下，甚至对文化体系内的人来说，也几乎完全看不见。违反这些规则通常会引起激烈的情绪波动，造成强烈的负面反应，并往往对人际关系产生严重影响。

我在与不同文化的人进行组织发展的工作中，曾犯过非正式层面的错误。有一次，一位中东高级经理说，他想采用现代的、开放参与式的管理流程。而我错误地认为，他已经准备好自由讨论我们面临的一些棘手问题。因此，我没有与他私下商量，就在一次管理团队会议上提出了问题。这实在是一个愚蠢的、不称职的跨文化行为。我的积极主动威胁了他的地位，让他在团队面前丢了面子。我失去了这份工作，很快就乘飞机回家了。我不清楚他能否准确判断我违反了哪些文化规则，但他明白他不再需要我了：我被解雇了。在技术层面上，他希望采用西方参与式管理过程，这与他在社会组织等级中的身份、地位和位置相关的更深层次的规则产生冲突。我不够敏感，在这份特殊的工作上酿成大错，哪怕在此之前我已经做了几十年跨文化关系培训和组织发展工作。

在霍尔的三层文化学习规则中，非正式层面的规则几乎完全是在无意识中发挥作用，但却对我们的情绪和相关行为产生巨大影响。人际关系的问题也可以用这种冰山进行类比来解释。当不同文化的冰山融合在一起时，就像火星移民之间长期的近距离接触那样，在更深的层次上可能会发生冲突，这通常是因为无意中违反了不可见的规则。这些违规行为常常会产生强烈的情绪反应，随之而来的是破坏性行为，从而对人际关系和团队和谐合作产生不利影响，甚至还可能导致任务的失败。

> 我不仅想通过世界大同和知识来激励别人，也想继续激励自己，来证明生活中没有什么是遥不可及或高不可攀的。有人会想，如果有机会从头再来，现在的生活会有何不同。“火星一号”就是这样一次机会。它让来自不同背景和不同生活方式的人有机会聚在一起，开始令人兴奋的崭新生活。
>
> **“火星一号”申请人**

因为非正式层面的违规行为发生在深处，就像潜藏在水下但功能正常的潜艇，推动我们每个人前行。对于我们来说，它们通常不明显，因此不容易被发现并得到修复，以维持团队和谐。

以文化形式隐藏的规则，是

个体特征和身份的基础。一旦发生不可逆变故，如重大身体疾病、社会动乱或经济紊乱等，可能导致个体强烈的不适应，并引发强有力的破坏行为，包括暴力、抑郁甚至自杀。彼得·麦瑞斯（Peter Marris）在《失落与改变》（*Loss and Change*）一书中写道，这种影响就如丧亲之痛。这种情况往往与维持身份的行为联系在一起，由于每个正常人都需要维持个体的完整性，因此，人们竭尽全力，以避免发生不可逆变故。

请记住，对文化的认知模式，为我们提供了感知和理解世界的镜头。比如，这种隐藏而活跃的机制使我相信，驯鹿是一块石头。该系统也可以用另一种微妙的方式发挥作用。人际关系研究表明，利用潜意识层面的隐形分析系统，通过获取和分析一个人的小动作，人们就能知道他是否完全诚实，是否毫无保留，无论他们是否"自我一致"。这种感知系统对我们每个人的作用效果不尽相同，且主要是个体文化的产物，这种分析的结果表现为感觉或者说是本能的直觉，有积极的，也有消极的。"火星一号"团队成员应该意识到这些过程以及他们可能会产生的情绪，并学会管理自己的情绪和人际关系，这样他们才能在完成任务时保持多样化的团结与和谐。这是情商的核心，也是跨文化关系能力的核心。

MPQ 人格评估体系

有些人更擅长处理人际关系。幸运的是，我们可以度量这一能力。其中一种工具就是多元文化人格调查（Multicultural Personality Questionnaire, MPQ），由备受尊重的荷兰跨文化心理学家凯伦·范奥顿海文·范德泽（Karen van Oudenhoven Vander Zee）和简·皮特·范奥顿海文（Jan Pieter van Oudenhoven）开发。

MPQ 是一项人格评估在线问卷调查，可用于预测人们适应其他文化并感到舒适的难易程度。它几乎可以衡量每个人拥有的 5 种水平各不相同的能力：文化认同、开放心态、社会主动性、情绪稳定性和灵活性。

1. 文化认同。通过这一项，可以来识别和评估不同文化背景下的个体感受、想法和行为的能力。要与其他文化背景的人一起高效工作，理解他们的文化非常重要，而文化认同对理解其他文化十分重要。

这方面得分高的人，能够比较轻松地识别不同文化背景的人的感受、想法和行为；而得分低的人通常会更困难。

2. 开放心态。在遇到自身文化群体以外、且可能持有不同价值观和行为规范的人时，这一项可以评估人们保持开放心态、一视同仁的能力。这种能力就像文化认同一样，对理解其他文化的规范和价值观，以及与不同背景的人有效互动至关重要。

在开放心态上得分高的人，对具有不同文化价值观和行为规范的其他群体，持有开放且无偏见的态度，能够接受新的想法；得分低的人，则对其他群体持有偏见，并倾向于以固有印象来判断他人。

3. 社会主动性。这一项可以评估人们积极、主动地接触社会环境、主动与他人互动的程度，决定了与不同文化背景的人互动、交朋友的轻松程度。

这方面得分高的人，与另一种文化背景的人进行社交时呈外向性；得分低的人，则不太愿意采取主动行动，他们更倾向于在社交互动时有所保留，并不希望引人注意。

4. 情绪稳定性。这一项用于评估一个人在紧张情况下，保持冷静的能力。当我们在新的文化背景下工作时，能够较好地应对心理和情绪不适，这是非常重要的。很多因素，如政治制度、各种行为规范、缺少方法和资源、各种障碍等，都可能导致其他文化中的事与自己文化中的事存在差异。当事情不符合自己的文化，就会导致挫败感、紧张、恐惧、社会脱离感、表现失常和人际冲突。

这方面得分高的人，在压力环境下趋于保持平静；而得分低的人，则对压力表现出强烈的情绪反应。

5. 灵活性。这一项可以评估人们调整自身行为以适应新环境的能力。在新的文化环境中工作时，具有改变战略的能力十分重要，因为已经习以为常的、值得信赖的做事方式并不能总是奏效。

在灵活性上得分高的人，将新的未知情况视作挑战。他们能够改变行为模式，以应对另一种文化中的意外或受限制情形；得分低的人，则将新的未知情况视为威胁，他们倾向于坚持之前信赖的行为模式，因此，他们不太愿意调整自己的行为，以应对另一种文化中的意外或受限制情形。

一个人的文化是在早期生活中学习的各种规则的产物，自从意识产生后，这些规则基本上就消失了。或许，火星移民团队的每个成员都有自己的个体文化，其中大部分是无法察觉的感知模式和情绪反应模式。在准备任务时，我们应考虑用 MPQ 调查表评估上述 5 种能力。

所有的人际交往在一定程度上都是跨文化交流。即使团队成员来自同一社会，很可能也会有文化模式的差异。在同一家庭中成长的同卵双胞胎，也可能显现出一些不同的个性特征，这可能有助于应对人际关系的挑战。

研究表明，相似社会背景成员（如美国人和加拿大人）之间的文化差异，比不同社会成员间的文化差异，更加难以识别和管理。对不同社会成员，文化模式的差异显而易见，人们已经做好了弥补差异的准备。然而，相似社会背景的成员在人际交往中发生的失误，人们很少把它归咎于文化差异，而认为是交流双方的个体缺点或不足导致的。相对于准备理解和补偿人际交往中产生的失误，与相似文化背景的成员产生矛盾的人，则可能会变得不耐烦，而他们的挫败感可能导致人际关系的破坏性冲突。

过度和谐可能潜藏着危机

冲突是人类行为中常见且必要的组成部分，既有破坏性冲突，也有建设性冲突。在团队中，冲突也可能发挥重要作用。火星移民团队成员间可能会产生冲突，因此准备工作应包括冲突管理策略。

想要在急速变化的环境中生存下去，那么团队需要培养和妥善管理那些建设性冲突。过度和谐也可能潜藏着危机，可能导致像旅鼠[①]一样的自杀行为，让整个团队陷入险境。当冲突被压制或者不能以积极的方式利用时，通常会显示出破坏性冲突。

---

① 旅鼠，啮齿目仓鼠科，是一种可爱的哺乳类动物，分布在挪威北部和亚欧大陆的高纬度针叶林中。旅鼠体形呈椭圆状，腿短，耳朵小，毛软，是已知的所有动物中繁殖能力最强的动物。旅鼠“死亡大迁移”式的集体自杀行为，至今仍是生物界之谜。——译者注

这两种类型的冲突与两组态度或人际关系特征相关，如图5-2所示。

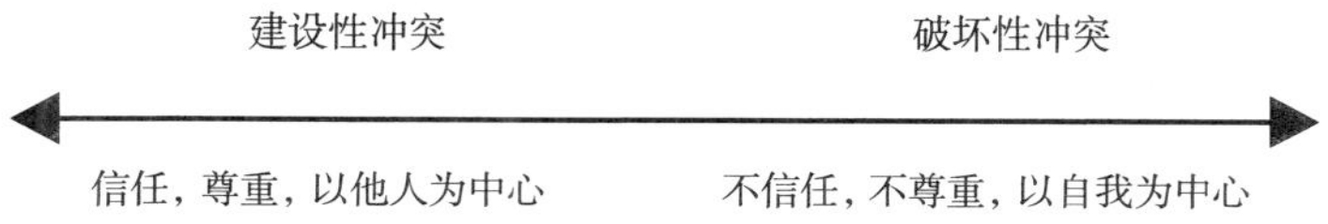

图 5-2　不同冲突与不同人际关系的特点

破坏性冲突

当想到冲突时，人们通常会想起团队的破坏性后果、消极情绪、权力的滥用、大声说话，甚至肢体暴力。破坏性冲突使人们无法一起工作，因此会导致工作瘫痪，且可能导致不可控的突发变化，对有关人员造成重大损害。

建设性冲突

当出现建设性冲突时，各方会以一种帮助团体作出积极改变的方式，表达不同意见。团队共同创造条件，允许成员自由和坦率地表达意见，质疑对方的假设，并在彼此贡献的基础上找到一条更积极的未来之路。这种团队合作的方式，是培养团队创造力、促进团队成长的核心要素。

达成共识，管理冲突的前提

管理冲突的关键，是就对策略进行沟通并逐渐达成一致，也就是对团队运作方式达成共识。因此，必须有所谓的“共同语法”或共同规范。想要管理冲突，团队成员要满足以下条件：

- 对沟通的基本协议（即共同语法）达成一致。罗伯特议事规则提供了一套相当原始的协议。更进一步的例子是下文中关于团队决策过程的要素。
- 明确协议发挥作用的前提条件。
- 要明白规则的约束性。团队成员不能再像以前那样随意行事。每个人都要学习并掌握团队规范，而这些规范本身要透明。
- 清楚改变这些规则的程序。例如，一旦大家明确无法达成共识，就应该决定从基于共识的决策过程，切换为基于多数人的民主决策过程。当少数成员拒绝遵守多数人的决定时，可以进行进一步转变，利用等级体系和权力体系进行决策。这说明了按照期望值递减的三种规则体系：共识、多数规则和权力体系。

乔伊斯·霍克（Joyce Hocker）和威廉·威尔莫特（William Wilmot）在《人际冲突》（*Interpersonal Conflict*）一书中在关于冲突类型的章节中提到，具有判断力、自我意识、且对程序敏感的人，可视为“修辞敏感”（rhetorically sensitive）。这意味着他们可以做到下列事情：

- 有一套灵活的角色和沟通协议，以便他们根据需要进行调整；
- 承受各种不确定性，具有和不同人打交道的能力；

- 关注自己的言辞，确保每句话都有明确的目的，而不仅是简单表达。他们并不过多表达沮丧之情，而是要解决问题；
- 以合理有序的方式改变行为，作出调整。

有意思的是，MPQ 中测量的人格因素、雷伊·卡斯的 5 类情商范畴（参见第 4 章）、与有效管理冲突相关的特征，三者间具有相似性。

“火星一号”，一个高效团队

“火星一号”团队将面临做什么和怎么做的大量讨论。下面几个关键原则，将有效帮助团队处理任务和进度，在决策环节创造性地利用冲突和责任分配。这些原则将有助于团队处理人际冲突，管理可能出现的消极和积极情绪。

任务 |

团队的任务是通过互助合作达成目的，得出结果。做到以下几点将有助于完成任务：

- 目标明确：团队成员知道他们为什么见面，要实现什么目标；
- 注重产出：团队成员投入精力，产出结果；
- 实现成果：团队及时有效地实现目标；
- 分配任务：工作任务适当地分配给所有成员；

- 吸取经验：团队系统评价结果，并运用经验和教训提高产出。

进度 |

团队进度是指团队是如何工作的，即工作方式。一个高效的团队，需要满足以下条件：

- 共同的目标和原则：操作原则和目标要公开共享；
- 角色清晰：所有成员都明确界定工作职能、理解工作要求；
- 氛围：宽松的言论自由环境；彼此相互信任、相互尊重；统一意见，支持团队的决定；
- 协商：团队成员自由、充分、适度地表达自己的意见；
- 倾听：团队成员感受到有人倾听自己的意见，他们的建议会对团队的发展产生影响；
- 自律：团队成员要克制情绪，尽量不要生气；
- 公正：意见表达是团队的财富，如果有不同意见，应被视为对共同探讨该问题的另一种贡献；
- 冲突：将冲突视为对正在讨论的问题中出现的意见冲突，而非发言人之间的冲突；
- 秩序：分担责任，确保成员参与；当团队无法维持秩序时，将由指定成员行使其权力，保证会议正常进行，且为了作出进一步行动，要清晰定义并记录团队决定。

创造性地利用冲突 |

建设性、创造性地利用冲突，特别是在多样化和可预测性较低的情况下，这对团队的生存与成长至关重要。谢霍坚（Dean Tjosvold）在《积极冲突型组织》（*The Conflict-Positive Organization*）一书中指出，高效团队具备以下特点。

> 如果我在一个团队中，团队成员有共同的目标，那么我会尽力提供帮助，实现我们的目标。哪怕牺牲自己的利益，我也会保证任务成功。
>
> **“火星一号”申请人**

- 团队成员重视其多样性，并能发现建设性冲突中的创造潜力。他们寻找机会表达不同观点、讨论面对的困难，并努力使他们的关系富有成效。
- 团队成员寻求互利共赢。他们明白，他们拥有共同的利益和共同的追求，因而都致力于追求共同愿景，为所有人创造公平、便利的环境。
- 团队成员感到有自主权。他们相信，自己有管理冲突的任务、机会和能力。
- 团队成员经常评估和反思处理冲突的方式。要使冲突转化为积极冲突，需要不断进行试验和反馈，并以团队为核心进行改进。

责任分配 |

一个团队的效率，取决于它如何分配责任以及支持其成员在决策会议期间的活动。团队成员应该满怀信心，在明确的框架内独立履行职责，例如：

- 明确的准则：他们知道何时可以自由行动，何时应该寻求他人的指导；
- 清晰的任务定义：他们清楚决策会议对自己的期待；
- 帮助的可获得性：他们可以随时获得决策会议中所需的帮助；
- 自由、安全与支持：鼓励在决策会议期间发挥个人主动性，支持其成员履行职责。

如果火星移民的成员运用这些分析工具，系统研究他们的互动交流，有助于促进团结，增进和谐，提高创造力，并最终推动任务成功。

从人际关系和高效团队的角度，本文给出了提高文化软技能的要素清单，其中许多要素可能在某些领域都较为知名。我们通过社交视角，来学习如何看待世界。同样，那些从根本上影响我们行为方式的，是童年时所学到的规则，这些规则几乎完全隐藏在我们身上，但有时也可以通过审视那些影响我们行动的情绪源，而浮现出来。

改善人际关系的策略之一，是在这些情绪变成制造麻烦的潜在行为之前，培养情感的自我意识，并学会捕捉情绪，逐渐培养情商。如果我们追根溯源，在个体文化的冰山深处，我们会发现这些情感深处隐藏的规则。为了更好地适应想要生活的世界，我们可以决定，是否要遵守或改变这些规则。我们可以决定，是否要继续盲目模仿从我们成长的社会中继承的思维模式。我们也可以决定，是否要改变生活中的基础部分，从而更好地构建和谐的多元化世界。

> 关于生命，我想了很多。生活到底是为了什么？我相信这个问题没有好的答案，不过我们自己可以创造生活的目标。但我也确实相信，这个问题一定会有一种解释，我们只是需要把它搞清楚。为了做到这一点，我认为我们需要在太空寻找答案，寻找其他任何生命形式。
>
> **“火星一号”申请人**

然而，并不是每个人都熟悉这一过程。几年前，我在埃及开罗一家新建的医院工作。当时，我基于前文列出的分析团队进程的方式，使用团队分析工具帮助一组医生成为更高效的团队。在此期间，他们告诉我，这是他们第一次意识到还可以这样分析一场会议。他们甚至不知道，希望团队成员控制自我情绪和管理自主行为的这种要求是合理的，而这样做可以让团队更团结、更高效。

他们似乎认为，个体人格特征是与生俱来的，是一种固定的人格表达，不适合分析或控制，因为这是人性的一部分，是天生的，无法改变或改进。我质疑这种假设，并不认同电影中描绘的人际关系模式，如《星球大战》系列。就像这些电影所演的那样，如果在科技进步的情况下仍然保持这种个性，那么人类在达到这种先进技术水平之前，就可能已经自我毁灭了。要发展和妥善管理这种新的先进技术，人类就必须要作出改变。火星移民任务为人类提供了如何在技术层面以及在人际关系行为、价值观和信仰等更深层面，获得进步的学习机会。我希望它能成功。

06

年龄，
一个附带了很多标签的数字

“年龄只代表了一个数字。每个人都以同样的速度衰老。他们将一起成长，只是起点不同而已。”

“我没想到，50 岁与 40 岁会如此不同。所以我期望 60 多岁也会很不同。”

“火星上的重力只有地球重力的 38%，这对我们的关节大有益处！”

“我能想到的最好的事情，就是在火星上慢慢变老。知道自己在做一些奇妙的事情，并一直这样活下去，就是我一生中想要做的事。

“年龄是一个附带很多标签的数字，比如思想、健康、思考方式等方面的差异。”

“火星一号”部分候选人对年龄的看法

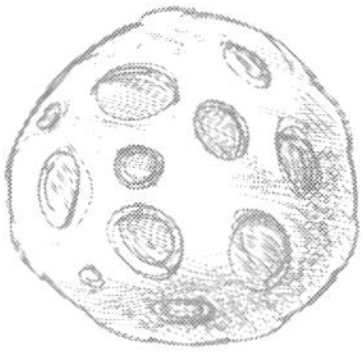

火星移民计划的申请人在性别、文化背景和年龄方面有所不同，这是刻意安排的。“火星一号”任务组织者认为，这种多样性会提供更多资源，有助于团队解决问题。年龄的多样性也反映了人性，这也许会促成一项更有用的实验，以便了解未来可能在其他行星上建设定居点的需求。

在本章，我们打算探究准备离开地球的人们对年龄以及在火星上变老的看法。在代际移民的实验中，他们发现了什么好处，预计会出现什么问题？他们会想念在地球上变老的哪些方面？他们想创造出何种与年龄有关的文化？

我们收集了 13 位“火星一号”移民候选人的看法，他们的年龄跨度从 21 岁到 61 岁，代表不同的文化背景。我们希望向读者展示一些不同和相同的观点。在火星上变老的话题，很大程度上是一种猜测。当然，我们了解人在地球上的衰老过程，但对零重力环境对人体的影响知之甚少，其余一切都是推断和猜测。对这些可能成为火星移民的候选人，我们将重点关注他们的观点，因为最终他们将共同建设第一个火星社会。

十几年后，随着任务推进，这些潜在候选人中年龄最小的也已 30 多岁，最大的已经 70 多岁，年龄相差近 1.5 代人[①]。虽然，家庭、国籍、文化背景和个人经验等，在塑造个人世界观方面发挥了巨大的作用，但认清不同年龄移民候选人之间的差异，仍然十分有用。年龄最小的移民候选人生活的时代，通常以计算机、智能手机、互联网以及科技的快速进步为标志，国家和其他界线变得模糊不清，即使世界朝着全球化方向发展，但小型战争和冲突仍然对当地生活造成了巨大差异。而对于最年长的移民候选人来说，生活则完全不同：虽然“冷战”促进了太空竞赛和其他技术进步，但依然导致了全球范围的紧张气氛；与现在相比，他们成长的时代通信速度极为缓慢（因此才有了“蜗牛邮件”的叫法），世界之间的联系很不紧密，“多任务处理”的概念几乎不存在。

不管最终有几名候选人被选中，他们都将带着不同的世界观到达火星。当然，为了在环境恶劣的星球栖息，他们将在一起训练 10 年，学习所需的生存技能。这让他们有足够的时间了解彼此的背景，发掘其益处，并找出可能会威胁到团队的代际差异和其他不同之处。

不同年龄，不同优势

火星移民候选人认为各自年龄段的优势是什么呢？无论候选人的年龄如何，他们都更倾向于说出不同年龄段的优点，而不大可能讨论其缺点；年轻的移民候选人可能会提到年长者的许

① 通常，30 年为一代。——译者注

多品质，年长者也会提到年轻人带来的许多好处。一些移民候选人已经提前见过面，有人指出："这个团队的年龄界线并不严格，每个人都有年轻人一般的热情。"

所有移民候选人都认识到了源于不同年龄段的许多优势。尽管少数移民候选人认为，年龄不会造成太多变数，但大多数人认为，那些人的认识会随着时间的推移而发生变化。

30 岁到初入中年

一些年轻候选人认为，年轻人接受文化和社会塑造的时间较短，因此思维可能更灵活。

一位候选人指出，年轻的团队成员有助于获得广泛的社会支持："我们这一代人，在人类探索太空方面还没有取得任何巨大进步。尽管有一些非常成功的无人探测活动，但我们还没有实现人类在太空的自由活动。这说明，我们真的要做好准备，努力研发新技术。我们这代人在社会上刚刚立足，优秀的管理能力和坚持不懈的品质可能会让我们走得更远。这很不错，但我们更有可能接受另一种观点：只要有可取之处，就能发挥作用。我们不需要机构组织的支持。"

有些人指出，年轻人更愿意承担风险。而且，年轻人往往更加理想主义，更愿意为事业而作出牺牲。一位年轻的申请人说："生存不是问题，我们希望变革。"

人们普遍认为，年轻人学得更快，雄心勃勃。一位年轻候选人说："这是一个想要留下点什么的年龄：你有雄心，有活力，不想放弃，尽管有些固执，但本质是好的。"

这些候选人，在初入中年后，生活各方面都会更加稳定可靠。有人说："与我 22 岁时相比，我现在这个年纪有很多时间进行反思，以变得更加成熟。所以，等到我们离开地球时，我会真正理解自己的心理特点，这将有助于整个团队。我将在地球上度过前半生，在火星上度过后半生。"

一位年轻的候选人说："我认为，不论是在火星上，还是在地球上，衰老的过程都是相同的。随着年龄增长，你会变得智慧，更有耐心，因为你在地球上已经历了很多，不再那么感情用事。你会更懂人心，对其他人的期待也变少了，不再像年轻时那样理想化，一直期待周围的人都是最好的。到了四五十岁，你会对一些事情看得更开。"

中年以后丨

这一年龄段的优势是经验丰富，解决问题、处理危机的方法周到，且在面对人际关系挑战时，更富有同情心。一位候选人说："随着年龄增长，我们更能理解他人，更多地站在他人的角度考虑问题。"

年长的候选人认为，他们将为团队面临的挑战提供更多观点，也更有耐心。一位多次经历过战争等危机、曾徘徊在生死边缘的候选人指出："我会平静地采取行动，不会恐慌。"

一些年轻和年长的候选人认为，年龄较大的候选人生活在技术尚未普及、物质较为贫乏的时代，所以当火星移民需要解决问题时，他们的年龄就将成为一种财富。一位候选人指出："有时，我们严重依赖科技，忽视了简单而实用的问题解决方案。但对于在互联网、智能手机、3D 打印等现代先进技术出现前长大的人，他们所掌握的经验、知识以及对不同体系的理解，都是大有益处的。”

几位年长的候选人指出，他们对开发火星定居点特别有用，由于他们在火星上生存的寿命较短，因此可以忍受更多辐射。因为，在火星上生活 60 年后才会达到欧洲空间局规定的辐射极限值，而年龄较大的移民到达火星后可能只能生活 15~30 年，不会像年轻移民那样达到辐射极限值。

一些候选人认为，在迎接新移民队伍时，年龄将是一种优势。一位 30 岁的候选人说：“那些在火星上生活得最久的人，可以为我们提供许多知识。因此，我们可以培养新的成员，这将是我们作为老年成员的重要作用。”

一位候选人大胆地谈到了性的问题：“变老的好处之一是比 30 岁时更容易抑制性欲。60 岁的人会更好地理解亲密关系中可能出现的种种问题。单纯压抑性欲并不起作用。我们无法承受浪漫、家庭和性关系方面常见的许多变动，也不能受到利益或隐私等羁绊。但老人们可以说，‘咱们打开天窗说亮话吧。我们要小心一点，由于空间和团队成员有限，即使感情出现变故、关系破裂，在可预见的未来，我们还是要在一起工作。’”

无论年龄多大，火星移民候选人都希望对得起最后的时光。例如，一位移民候选人说：“在地球上，你可以选择退休，但在火星上，你必须一直工作，直到死去。你要一直坚强，保持年轻。多年来，我们一直在变老，但我们不得不尽最大努力保持年轻。”

活力与衰老

火星移民候选人们还讨论了与特定年龄有关的一些弱点。其中一些与前文提及的那些观点相反，有人认为年轻人可能不太谨慎，会在无意中使自己或他人处于危险中；年长者则可能无法像年轻人一样思考和解决问题，当需要快速解决问题时就会很危险。除少数特殊例子外，大多数人预计会出现反应速度、力量和思考速度方面的衰退，以及与衰老有关的其他身体变化。有人指出，控制饮食，规律运动，少生病，经常体检，获得更好的医疗照料以及引力降低，可以弥补由恶劣环境造成的损伤。一位年长的候选人说："我无法确定不同的生活条件将怎样影响衰老，但你会逐渐适应。没有什么事情是在一夜之间突然发生改变的。突然的弯折会导致竹竿折断，但如果逐渐使之弯曲，你会做得很好。"

两名候选人指出，他们感觉自己的身体和智力状况与50多岁的年龄相符，因为他们在以前生活中对不同年龄健康状况的预期，完全基于他们观察到自己的文化中其他人的衰老过程。其中一位说道："一些人或文化认为，衰老是一个消极过程。所以我认为，在组建团队之前，我们需要认真地谈一谈，互相理解衰老的意义。如果我可以证明，衰老并没有什么可怕的，而是一种值得拥抱和享受的东西，就会影响年轻的队员，当他们变老时，将对老龄化过程有更积极的看法。"

相反，一位年轻的候选人担心，封闭环境可能会使移民在衰老过程中难以保持良好的健康状况："在火星上可能很难保持活力，活力甚至可能会降低。"

另一位候选人的担忧是，如果体力下降，宇航服的工作能力就会丧失。一位候选人说：“现在所有的装备都需要大量的体力和能量才能工作。当我老了，不再强壮，灵活使用宇航服对我来说将是个大问题。”

一些接受采访的火星移民候选人对未来在火星上衰老感到很激动，特别是对个人体验而言。例如，有人说：“我想看看我会如何变化。我希望变化还是不变？整个过程就像是一个实验，我的生活也是一个实验。无论我的生活中发生什么，我都很享受它。”

另一位候选人说：“这将带来整个人类史上关于衰老的最独特的视角。在地球上，你有子孙后代，你的注意力都在他们身上。但在火星上，你的重点是为整个人类物种开辟新的疆域，这是一种与众不同的衰老方式。你希望把事情做好，你想指导未来一代如何在恶劣的环境中生活和幸福。”

还有一位候选人说，社群的封闭性将使任何一个火星移民的去世都比在地球上更痛苦。“在火星，随着时间流逝，你会与其他火星移民在感情上越来越亲密，这让死亡变得更加痛苦。你比在地球上投入的感情更多，但最终却要断开这些情感联系，以保证任务不受到损害。”

在第一批火星移民中，年纪最大和最小的移民之间的年龄可能相差 40 年。一位年轻的候选人说：“当我正值壮年时，看到一些队友变老，可能很难接受。”

少数来自各个年龄组的火星移民候选人提出了安乐死的问题。他们关注的主要问题是，担心死亡成为其他火星移民的负担，有几个人提出了安乐死的想法。其中一位说：“当团队成员变得衰弱时，该怎么办？这是我们未来 10 年将培训和准备的问题。在飞往火星前，我们必须理解这一做法，并签署永不反悔的承诺。”

另一位候选人的话更加直接：“我相信，在某个时刻，每个人都必须评估他们是否能对任务作出贡献，还是会成为拖累。我不希望我的队友为不得已作出的决定或因为是幸存者而感到内疚。地球上的医务人员或心理专家有权说，为了整个任务更好地实施，现在该给某人喂毒药了。”

一位候选人预见到了人们对安乐死的态度改变：“我认为，在早期，人们将继承从地球带来的传统，无论是关于家庭、宗教还是文化等。假设有解决方案的话，每个人都能按照自己的心愿结束生命。一旦解决方案大大增多，我们可能需要指定一种办法，来处理结束生命的问题。既要解决问题，又要满足火星移民的愿望，但这是个漫长的过程。”

在火星上回忆往事：那些欢喜与忧愁

接受采访的火星移民候选人被要求想象一下，假如他们在80岁（按地球年龄计）时回忆自己在火星上生活的10年或50年，他们会庆祝什么，又会想念什么。

几位候选人说，他们觉得最艰难的适应过程将是在火星上的头10年。那些在火星上生活时间较长的人认为，度过适应期后，在火星上生活就会一切如常。一位候选人说：“80岁时，我已在火星上生活了40年。如果说会想念什么事情，那就是在火星上的头一年。”另一位说：“头10年，你会思念地球上的事物，但之后，你就会把火星当作自己的家。80岁时，你会回想自己在火星上都做了什么。”

大多数候选人认为，他们会想念朋友和家人。当所爱之人去世时，他们会感到难过。一位候选人说：“我的父母已不再年轻，我无法给他们最后的拥抱，这很难，但我必须适应。”另一位候选人说：“我会想念我的子孙。但与此同时，我们正在探索一个全新的世界，这令人着迷。在火星上，我们没有机会看孩子跳舞、结婚这些传统上的事情，这很难受。但是，人类的大脑有自我保护机制。随着你逐渐成长，你会记住更多美好的事情，而不是坏的事情。这是自然而然的，保护自己，让我们不至于过度劳累。火星上也是一样，我们将以自己的方式思念家乡，但这会启动保护机制。你会铭记地球上的生活，但它将更像一个梦，在火星上才是现实。如果一直担心看不到或联系不到家人，这会带来痛苦，所以你不会这样做。”

一位候选人说：“我会怀念我本该有的生活，孩子、爱人、房子、狗，等等。”另一位候选人说：“能坐下来与同伴回忆‘当我还是个孩子时……’，常常令人感到宽慰，但在火星上很难有这样的机会。所以我会想念养狗的生活。”

一位候选人认为，与新来的火星移民结交朋友，将取代对家庭的需求：“当我们真正离开地球的时候，我们所在的团队就是一个大家庭。我们还将接触其他新来的队伍。所以，我们将有很多时间相互欣赏，因为我们已经在一起了。这就是人性：无论身在何处，我们都能找到爱与联系。”

几位候选人讨论了东西方文化对中老年人的期望和待遇上的差异。一位经历过东西方文化的候选人指出，对西方社会来说，在火星上衰老可能比在地球上衰老更好。“我并不认为西方社会对老年人有多好。我感到很难过，当你长大以后，就像消失了一样，变得更加没有存在感。这与亚洲文化不同，在亚洲文化中，老年人可以成为家长或族长。我们可以看到，在西方社会，随着年龄的增长，老年人的作用会降低。但这种情况在火星上不会发生。由于人手不够，我们火星上的衰老过程也许很有兴趣。在低重力环境下，饮食、辐射等对我们产生了什么影响？所以，在生命的各个阶段，我们都是有用的样本。”

许多候选人指出，能在火星上活到 80 岁，是一件值得庆祝的事情。一位候选人说：“火星上的衰老过程将与地球上完全不同。那些能在火星上度过生命的最后一天，而且是由于年龄太大（八九十岁）而去世的人，会有一种功成名就的感觉。他们可以说，‘我现在快要死了，但我已经拓展了人类的极限。’在地球上，一位老去的普通人回顾一生时会问自己，‘我做对了还是做错了？我达到目标了吗？’在一个不同的星球上看到自己老去，意味着你死得很幸福。你留下了遗产，激励人们返回地球，甚至可能促进世界和平。因为地球上的人已经看到，人们在火星上相处得这么好。”

另一个人说：“我的天呢，我想我会是个快乐的老太太。我想尖叫和呐喊，‘伙计，一切皆有可能。不要因为你看到别人在做什么而使自己受到约束。’这是我生命的动力，也是我为什么要离开的原因。我会在火星上尽我所能地好好活下去。”

代际合作，更具创造性地解决问题

对代际之间团队合作的研究有些混乱，通常似乎更侧重于同一文化中的代际合作。其中大部分与西方公司的人力资源管理有关。因为“火星一号”组织者有意从世界各地寻找候选人，因此团队成员之间可能存在巨大差异。这些多样性团队必须面对并充分利用每个人的优势。

在这种背景下，接受采访的火星移民候选人被要求针对代际合作的一些优势和弱点，谈一下自己的想法。

多数人相信，10 年培训期将有助于克服与代际差异有关的问题。他们预见到了一些问题，但对混合年龄团队带来的工作和社会经验优势，他们也很欣赏。例如，一位候选人说：“年龄差异太大会很难相处。但在工作中，如果有不同年龄段的人，比如 60 岁、50 岁、40 岁、30 岁，那将有助于构建一个集体。不同年龄有助于相互连续。我们同时需要年轻人和老年人。我们需要年轻人来干体力活，即便他们已经四五十岁。但是，年纪较大而且谨慎的人对团队也很重要。”

一位年长的候选人说：“你将与一群人共同参与紧张的 10 年训练，你会经常接触不同年龄段的文化规范。我希望每个人都能开放地理解什么是好的，并愉快地接受它。因此，我不认为 30 岁的年轻人会把老年移民当成老家伙，我也不认为年轻的火星移民是没礼貌的顽童，因为我们每天都在一起工作。我们会一起看电影，分享图书，并且常常很积极。”

可以预料到，会有少数人发生冲突，但不是因为团队目标或年龄，而是因为生活方式。一位候选人说：“我们要适应不同的习惯。或许有人缺乏组织性，有人很有组织性，有人卫生良好，有人则马马虎虎——这些都是团队成员要多去适应和磨合的地方。一旦克服了，我们就能在同一路径上训练了。”

一位年轻的候选人分享了相似的观点："就工作而言，我们都有一个共同愿望，那就是取得任务的成功。所以，就工作任务而言，我认为不会有太多冲突。但问题可能出现在非工作时间，也就是当你试图与他人交流，试图融入集体时。相似年龄的人有相似的背景，所以你应该把文化当作自己的名片，以团结队员。"

所有候选人都提到了混合年龄团队在生活和工作上的许多好处。

- "你可以从不同年龄、文化和地区的人那里汲取知识。老年人会展示一种与年轻人完全不同的世界观。在漫长的单程旅行中，你需要多样性。"
- "就像地球上的家庭一样，我们的团队包含了不同年龄段的成员。我们也可以以这种方式建立一个家庭，好好生存。年龄、成熟度和经验，都是构建社会秩序所必需的。在这方面，我们将形成新的社会秩序。"
- "相似年龄的人，只能发现类似的解决方案。随着年龄增长，你会面临更多问题。这就是为什么在大学里，教授比学生更有经验。年轻人遇到问题，可以向之前遇到过类似问题的老教授讨教。因此，在混合年龄团队中，解决问题会更有效。"
- "一个年轻的团队成员，在做新的事情时可能有大胆的想法，有雄心也更感性，但他可能看不到负面影响。然而，一个年龄较大、经验更丰富且情商更高的队员，则可以平衡这一点，并帮助团队思考这一想法的其他副作用。随着年龄增长而形成的智慧是一种力量。年龄不同，看法也不同，这对团队来说有利有弊。”

- “混合年龄团队的优势，就像在团队中同时有‘油门踏板、刹车和齿轮’。年长者可能会耐心地听取年轻人的意见，并提出不同观点。问题在于代际之间不同的话语权，如果沟通不畅，可能会让大家大失所望。”

一位候选人很好地总结了混合年龄团队的独特之处：“我觉得代际团队能更有创造性地解决问题，并分享他们丰富多样的经验和观点，从而可以提高人们对生活的总体评价。不管是在地球上，还是在火星上，在代际交流和语言的深入理解方面都可能存在挑战。火星上的社群规模很小，人们将完全依靠彼此而生存。所以，移民们克服这些挑战至关重要。由于文化背景的多样性和性别的差异，挑战与各种好处和财富将同时出现。”

创造新文化

至少在一段时间里，最终参与该实验的人，将是火星移民自己。他们将创造属于自己的文化。这种文化会是什么样子？年龄和代际身份又是怎样发挥作用的呢？

许多候选人说，他们希望这种文化具有一些特点，比如尊重、宽容、温和、非暴力、有科学探究精神、和谐，并且不论年龄大小，都彼此尊重。一些人提出，孩子们应该没有偏见、公平地接受教育，为社会作出贡献，并教导他们，无论贡献者的年龄多大，都值得他人尊重。许多人希望看到基于理性的讨论，而不是根据传统或信仰作出决定。他们以各种方式表达了这样的想法，因为火星环境非常不利于生存，火星移民首先要考虑他人；他们也认为应根据环境对整体而非个人的影响来做决定。有些人认为，这是现代工业化世界以自我为中心的特殊解决方案，并且，有人希望，这种新文化可以成为地球的榜样。

一些人指出，随着年龄的增长，他们应该尊重经验和丰富的知识，但这种尊重并不能自动地转移给权威者。他们期望，由于在可预见的未来，在火星上生存仍然极为艰难，火星移民不会由于年龄原因而停止工作，火星定居点的文化希望每个人都能奉献一生。例如，一个候选人说："我相信，每一代人都应该受到尊重，对他们的行为负责，但也应该为社会发声，作出贡献。任何年龄段的人都可以有好的想法和自己的贡献，但作为不稳定环境中一个小小社群的成员，人们肩负着更大、更重要的责任。"

针对火星移民试图设计新的文化，一位候选人提出了警告："我希望，未来我们建立的火星社会没有任何偏见。我希望，人们接受自己作为个体的优点，包括你处于任何特定年龄的优点。这意味着我们尊重每一个人，却不盲目顺从。我不想有人说，'你不能因为你的年龄或性别而这样做'，这不是我想创造的社会。然而，美国历史上有很多不同的部落，它们建立起来，却又走向灭绝或消亡。通过严肃细致的协商，创建有哲学和经济制度的火星社会，是我所期望的。虽然从长远来看，这可能算不上是一种成功的努力，但我仍希望去尝试，因为我就是这样认为的。"

07

男人来自火星，女人来自火星

罗尼特·卡克博士

以色列巴伊兰大学心理学系终身高级讲师，研究方向为组织和领导。卡克博士在耶路撒冷的希伯来大学获得博士学位，并在美国密歇根大学安娜堡分校（Ann Arbor）完成博士后研究。她是波士顿西蒙斯商学院（Simmons Business School）组织性别问题中心（CGO）的研究学者。其作品曾在顶级期刊和全球会议上发表。

卡克博士是巴伊兰大学研究生课程“职场性别：理论与实践的结合”的创始人和首任主任，并获得了以色列女性与管理研究领域的“洛里尔-雷卡纳蒂”奖（Loreal-Rekanati Prize）。2005年，她获得了国际领导协会（ILA）的最佳论文奖；2012年，她获得了由管理学会颁发的提高女性领导力教育实践的学术贡献奖。卡克博士还担任了不同组织（包括私人组织、非政府组织和公共部门）机构的顾问。

同时，感谢巴伊兰大学社会组织心理学研究生瑞秋·扎尔塔（Rachel Zalta）为本文提供了宝贵的研究协助，感谢罗尼特·怀斯梅尔-马内（Ronit Waiesmel-Manor）、利娅·威尔逊（Leah Wilson）提供了有益的反馈意见。

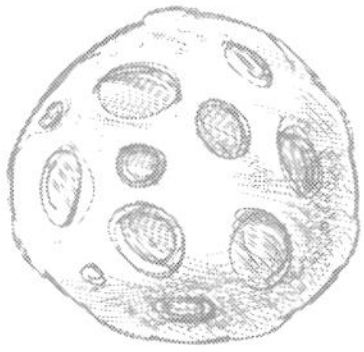

在曾风靡一时的畅销书《男人来自火星，女人来自金星》（*Men Are from Mars*，*Women Are from Venus*）中，作者约翰·格雷（John Gray）写道，在心理上，男人和女人存在根本不同，他们可能来自不同的行星。男女之间常见的关系问题，就是这些心理差异造成的。例如，男人提供信息，而女人发泄情绪。按照格雷的说法，男人提供实际问题的解决方案，以应对紧急情况；女人对实际问题的解决方案不一定感兴趣，她们更希望公开谈论这些问题。这本书甚至建议，不同性别应该有不同的语言，并提供了“火星语与金星语词典”，用于翻译两性间经常被误解的词句。

当然，也有许多研究人员质疑格雷的观点，认为男女之间的相似之处比不同之处更多。格雷也修正了自己关于性别的观点。研究组织行为的心理学家、沃顿商学院教授亚当·格兰特（Adam Grant）2014 年在《纽约时报》上发表文章，并认为：“现在是认识到我们都来自地球的时候了，不用再宣称男人来自火星，女人来自金星了。”

如此说来，没有人会否认男人和女人面临着不同的社会现实与挑战。那么，当地球上的男人和女人去往火星时，会发生什么呢？“火星一号”致力于发挥不同性别的优势，向火星移民时，派遣性别均衡的团队。然而，从航天员选拔，到团队成员之间的交流，这一努力在项目的不同阶段都可能面临挑战。不过，通过对性别问题的仔细观察和深入分析，高度重视火星移民面临的挑战，男人和女人不仅可以一起成功前往火星，还能在平等行使权力、相互影响的情况下，建立火星社区。不论男女，对创建有意义的社区生活都有帮助。

女性应该成为第一批去往火星的地球人

2014 年，美国知名网络杂志《石板》（*Slate*）刊登了一篇文章，题为《为什么第一次载人火星任务应该只有女航天员》（*Why the First Mission to Mars Should Only Have Female Astronauts*）。作者凯特·格林（Kate Greene）认为，根据基本的经济规律，女性应该成为第一批去往火星的地球人。她认为，女性消耗的热量比男性少一半，且体重较轻，可以降低食品和燃料成本，因此，女性耗费的各种成本比男性更低。然而迄今为止，进入太空的女性人数却仍然少得可怜。

1963 年，第一位男性进入太空仅仅两年后，苏联航天员瓦莲金娜·捷列什科娃（Valentina Tereshkova）乘坐“东方 6 号”飞船进入太空，成为第一位进入太空的女性。然而，20 年之后，美国才出现第一位进入太空的女性。1983 年，物理学家出身的航天员萨莉·赖德（Sally Ride）作为“挑战者号”航天飞机的任务专家，进入太空。

> 人类在火星上生存意味着多种可能性，能够成为最优秀的人，归功于自身的努力。移民火星是一个梦想，可以让人们跨越任何小型边界和文化差异，团结起来。火星可以向我们展示人类包容心的真实潜力的更好生活方式。火星探索必定是迄今为止人类之科学和智慧努力的最高峰，将为进一步探索宇宙打开通道。
>
> 所以对于我来说，移民火星是许多地球问题的实际解决方案，同时它也是人类所能达到的一个几乎难以描述的最高目标。
>
> **“火星一号”申请人**

NASA报告称，自1961年以来，全球共有534人进入太空，其中包括477名男性和57名女性。男性与女性航天员的选拔标准不尽相同。例如，女性的受教育水平要求较高，这可能表明，女性在选拔时需要具有更高的资质才能战胜男性候选人。具体而言，到目前为止，NASA在空间站工作过的航天员中，获得博士学位的女性比例约是50%，几乎是男性比例（28%）的两倍。男航天员比女航天员的军事经验更丰富（分别为73%和39%）。而且，女航天员平均比男航天员小两岁。虽然，在空间站工作的已婚男航天员（76%）和女航天员（69%）的比例没有显著差异，但在至少已有一个孩子的航天员中，男性比例明显更高（男性占67%，女性占38%）；总体而言，男航天员的子女数多于女航天员。这一现象可能表明，在我们的社会中，当“航天员妈妈”比当“航天员爸爸”更难。NASA 2013年公布的新一批航天员学员，是多年来第一支男女数量相等的团队。NASA从63名申请人中选出了4名男性和4名女性，这是有史以来女性比例最高的一次。

“火星一号”任务最初的目标，是选拔出由4名移民组成的、性别均衡的团队。这可能是一个具有挑战性的选拔过程，主要基

> 我相信，作为智慧生物，我们有责任保护自己的生存和生活条件。而只要我们被限制在唯一的行星上，我们就很容易由于单一事件而灭亡。
>
> **“火星一号”申请人**

于以下几方面原因。第一，考虑到历史上的先例，大多数人倾向于认为航天员应该是男性，而非女性，因此不太可能发现适合这一角色的女性。第二，关于性别和权力的陈旧观念，严重影响了各类组织评价男性和女性的方式，特别是对太空飞行这类高风险的工作而言。

当女性和男性申请人以完全相同的简历同时申请同一份工作时，两者被审查和评估的方式却不同。一经雇用，由于男女性别角色和领导角色之间的感觉不一致，女性的绩效标准要求比男性更高。这种现象在下面三种情形中尤为明显：在传统上认为应该由男性担当的角色和组织环境中（如消防员、警察、银行经理等）；在与女性相比，男性数量很多的工作场所；在大多数评审人是男性的情况下。从上述 NASA 的统计数据可以看出，航天员是一种传统上高度男性化的角色，其工作环境显然是由男性主导的。

在 NASA 这样的组织中，对航天员的性别选择偏好可以追溯到太空时代的起步阶段。对 NASA 而言，相比于处理来自公众的数千封的申请信，整理出几百个现役战斗机试飞员的军事记录，则更容易选拔出航天员。

1958 年，艾森豪威尔总统批准了这一实用计划。因此，NASA 成立了战斗机试飞员选拔小组，实施“水星计划”，并提供了成为航天员的申请机会。但也只有受到邀请的试飞员才能申请成为航天员。当时，由于美国军方不允许女性进行飞行员训练，因此没有女性战斗机试飞员，所以也不存在是否接受女性作为航天员的问题。

随着后来大量招募航天员，选拔标准有所放宽，但选择战斗机试飞员作为第一批航天员，为后续的航天员选拔奠定了基础。直到航天飞机开始飞行，NASA 认为，并非所有航天员都必须是喷气式飞机驾驶员。果不其然，女性从那时起开始有机会成为航天员。然而，直到美军开始训练女飞行员，女性才开始成为航天飞机驾驶员，并最终成为航天飞机的指令长。到今天为止，航天员仍然主要是男性。

人们常说，“想起经理，就想到男人”，人们对如何看待女性，如何看待航天员和管理者等男性化角色，还存在认知方面的不协调。这种不协调，导致了给男性和女性分配不同角色的习惯，表现在对女性的能力评价较低，在认为应该由男性担当的角色中，女性很难达到理想的位置。换句话说，我们会低估女性候选人作为航天员的能力，因为她们作为妇女、母亲、妻子的性别角色，与将要履行的作为航天员的社会角色不一致。

这导致女性在这种男性化角色中面临困境：女性的性别角色要求女性应该格外顺从，而航天员角色则要求她们具有很强的自主性（也就是特别自信和主动）。

由此产生的困境是，高度顺从的女性候选人（热情、体贴、敏感），可能由于缺乏足够的自主性、没有主动承担相应的责任而受到批评。而高度自主的女性候选人（主导型、强势、果断），可能被批评缺少女人味儿，不够温柔体贴。研究表明，人们对“合格航天员”或“合格女性”的刻板印象，使得对女性及其表现的评价偏低，导致女性受到了双重束缚。

这与“性别歧视矛盾”（Ambivalent Sexism）有关。这种观点将对女性的模式化观念和偏见描述为两种对立但又互补的声音的结合，通过善意或敌意的话语，维护当前已有的性别现状。这里的偏见包括两方面：

- 善意的性别歧视（benevolent sexism）。这是一种家长式的意识形态，认为女性应由男性主导，只适合担任地位低且传统的角色。
- 敌意的性别歧视（hostile sexism）。这是一种将女性视为威胁的家长式意识形态，担心女性试图损害男性利益，从而达到更高地位。敌意的性别歧视主要针对那些强势的、有主见的现代女性。

2014 年，我和瓦尔达·魏塞尔（Varda Wiesel）在以色列男性安全组织管理职位评估中心进行了一项研究。我们发现，当女性被视为弱者时，会受到善意的性别歧视，并获得积极评价；当她们被视为强者时，则会受到敌意的性别歧视，并得到更多的负面评价。该中心的一名女评估员解释了对女性候选人的这种宽松评价方式：

> 女性在这个系统中很难成功，作为女经理很难成功……在评估中心，你不能忽视这一点。当一个女性和五个男性坐在一起，特别是当这个女性独自一人时……我们（评估员）会仁慈地考虑‘我们得帮她一下，这样她才会与他们平等’。

与这种宽松评价相反，评估员表示，对采用他们所认为的男性化管理风格的女性候选人，他们会采取强硬方式。也就是说，被认为是弱者、符合预期的女性模式化行为的人会受到奖励；而表现出非模式化性别行为的女性，则会遭到敌对的性别歧视，并获得较低的评价。正如一名评估员接受采访时说的：

> 当看到一个女人试图以男性化风格来实施管理时，有些东西就失去了吸引力。我想，这种行为令我们感到困惑，因为这似乎很不自然。我认为它影响着我们所有人……我们不愿意看到一个女人有男性化行为。

与性别特征相符的女性候选人，会比具有男性化管理特征的女性候选人获得更高的评价，也更有可能晋升为管理职位。顺从的女性更可能接受等级制度与霸权制度的规则，而且不太会挑战现有的性别秩序，保持并延续了男性权力结构。

因此，虽然许多组织和评估中心使用了自认为客观的选择工具和标准，试图尽可能地缩小性别等级差别，消除模式化的性别思维，但他们仍然会最终支持性别的差异化过程，在这一过程中，保留并重新创造性别差异，把女性置于男性地位之下。“火星一号”候选人的选拔应注意避免这一问题。

目前，“火星一号”计划公布的候选人资格条件非常有意思。第一眼看上去，似乎保持了性别中立。例如，该组织正在寻找候选人中诸如“恢复能力”“我能做到！”的态度，以及“坚持并保持高效”表现出来的特征。他们还在寻找“创造力或随机应变能力”，并将其定义为“你有良好的游戏意识和幽默精神”或“把你的幽默恰当地作为一种新的语境反应，就是一种创造性资源”。然而，这些看似性别中立的属性，可能仍然具有性别偏好。因为航天员最开始几乎全都是男性，这一角色就是为男性而设计的。正如琼·阿克（Joan Acker）在她关于角色选择与设计的文章《层级、工作与身体》（*Hierarchies*, *Jobs*, *Bodies*）中所写的，“当只有男性存在时，我们才会发现性别之间的差别”。

例如，在“火星一号”对申请人的资格要求表中，“恢复能力”和“我能做到”“游戏心态”等要求，实际上可能在男性中更为普遍，而在女性中不是那么普遍。布丽吉德·舒尔特（Brigid Schulte）在她的著作《不堪重负》（*Overwhelmed*）中，描述了女性如何缺少闲暇时间。女性的时间都被工作和家务占据，而没有时间玩乐。她说：“人类的恐惧，可以归结为三个强有力的词语——‘女性、不要、玩’。”

因此，“火星一号”要求申请人具有“玩乐精神”看似没问题，但实际上，这一条件可能并非性别中立的，可能给男性候选人带来意想不到的益处。如果在选择过程中不能特别注意的话，那么采用这个标准和评估过程，某个性别组（更有可能是男性）就有机会获得优势，即便这不是“火星一号”选拔最完美的设想。如果“火星一号”评估者希望建立一个没有性别偏见和性别预期的社会，那么这是他们在选择女性参与项目时必须记住的事情之一。

冲破玻璃天花板、玻璃墙，直到太空

虽然，如今不同国家的女性比历史上其他任何时期，都更容易获得领导地位和影响力，但女性获得平等代表权、平等地获得权力、得到特定职位、引发关注、获得威望，仍然是一个遥远的目标。即便性别歧视在许多工业化国家是非法的，但这一问题仍然持续存在。在许多情况下，已经不存在公开表示歧视的现象。但是，歧视会继续以微妙的、通常是无意识的形式存在。以歧视方式行事的人，可能认为自己只是在选择“最好的工作人选”或在以公正的方式行动。

“玻璃”在许多例子中都被用来比喻女性受到的排斥，包括“玻璃天花板”“玻璃墙”“玻璃电梯”“玻璃悬崖”等。“玻璃天花板”一词最早出现在 20 世纪 80 年代，指女性面临的无形的或难以辨别的障碍，这些障碍阻碍了她们到达组织的最高等级。然而，时至今日，这种现象仍然存在。由于许多障碍是无形的，女性（也包括男性）并没有意识到那些妨碍自己前进的障碍，从而使得克服或消除这些障碍变得更加困难。

基于顺从和自主性，我们已经探讨了与模式化印象和期望相符或不符的情况。对于为什么女性会碰到玻璃天花板，以及为什么男性比女性占据更多领导岗位的问题，最显而易见的答案是，对大多数女性而言，职场晋升之路关系到工作生活和家庭责任之间的平衡。如前所述，这可能就是女性航天员与男性航天员身处同一岗位，但拥有子女却比男性航天员少的原因。

2013 年 6 月，美国哥伦比亚广播公司（CBS）在《早间访谈》（*This Morning*）节目中采访了航天员卡伦·尼伯格（Karen Nyberg），当时她在国际空间站执行了为期 6 个月的任务。其中一节的标题是“太空妈妈”，主持人一开始就提问道：“你把三岁的儿子杰克留在家里，错过了他幼儿园开学的第一天，远离年幼的儿子，你感觉如何？”这些问题很重要，但我们很少会问男性这些问题。这肯定不会是男性航天员在面试时的主要焦点。只要人们对女性持有模式化的预期和看法，认为女性应该负责照顾孩子，那么女性取得成就、获得权力的机会就会受到限制，而男性则会可能失去做一个积极的父亲的机会。

“玻璃墙”是指阻止女性在某组织内横向发展，触及核心区域的、一种不可见的障碍。这种障碍形成了行业壁垒，限制女性进入某些类型的工作或机构，或将她们拘泥于某些类型的工作（或机构）。例如，NASA只有10%的航天员是女性，然而，前往国际空间站的航天员中却有20%是女性。这一数字可能表明，人们认为，与其他区域的太空飞行，比如那些经常被提及和赞扬的太空探索相比，空间站作为一个特殊区域，更适合女性。

而用来形容男性经历的比喻——“玻璃电梯”则指男性比女性更有可能加速进入有影响力的领导和管理职位，甚至是在与女性角色相关的领域。尽管在性别等级中处于次要地位的女性获得允许甚至受到鼓励，去努力争取到达过去只属于男性的领域，但男性却没有受到类似的鼓励，甚至不允许进入女性领域。事实上，当男性在传统的女性领域工作时，我们会看到男性通过快速晋升而恢复领导地位的趋势。

在“火星一号”选拔移民候选人并最终建立火星社区的过程中，团队要提防这些问题，以免限制女性候选人根据其性格和能力，而不是她们的性别，承担有影响力的领导角色。玻璃天花板，意味着这些团队中的女性成员可能很难获得领导角色；玻璃墙，可能会阻止男性和女性候选人在团队中扮演真正最适合他们的角色；特别是，在存在玻璃电梯的情况下，即使男性想退缩，女性想要担任这些职位，男性都可能会被推上高位。

> 这个项目不仅关乎梦想和目标，还关乎未来。它激励我们所有人去追求更多，为后代提供进步和希望。无论这个项目成功与否，它已经在激发人们的兴趣上做了很多。
>
> **“火星一号”申请人**

有一种方式，让女性可能有机会担任有威望的领导角色。在最近的一系列研究中，社会心理学教授米歇尔·瑞安（Michelle Ryan）和亚力克斯·哈斯拉姆（Alex Haslam）得出结论，当组织处于危机而非成功阶段时，女性更有可能受命担任管理和领导角色。他们将这种现象称为“玻璃悬崖”，是指当失败概率最高时被任命为领导职位的风险。研究结果表明，令人惊讶的是，女性被认为比男性更适合管理处于危机状态下的组织——在为经济效益衰退的公司任命经理时，人们倾向于“想到危机，就想到女性”。显然，女性具有理解力强、直觉敏感和创造性的模式化品质，被认为特别适合公司在紧急情况下的危机管理。

当然，对接受这一职位的经理而言，个人和组织失败的风险很高。在这种情况下，相对比较少见的事——指定一名女性领导（例如主管、经理）以及持续较差的组织产出，这两件事同时发生时，可能会让大家觉得这种事件存在某种意义上的相关性，因为这种相关性符合普遍的理论和意识形态。与男性相比，担任领导职务的女性在这种情况下可能会受到不同程度的批评，并更有可能承担负面结果，即使这些负面结果在她们担任新职务之前就已经开始了，这就是玻璃悬崖现象。不过，也许火星移民任务的危险性，意味着女性将有更多机会在其中起到重要的领导作用。

综合来看，这表明女性更可能发现自己处于玻璃天花板之下，或在玻璃墙之间，或在滑溜溜的玻璃悬崖边缘，而男性则可能会发现自己正搭乘着玻璃电梯。所有这些性别歧视，可能会限制女性进入太空的机会，限制女性发挥能力，限制她们在火星上承担基于性格和能力而非性别的重要角色。

令人鼓舞的是，近年来，有关领导和管理的理论和实践，都发生了显著变化。更适合现代职场知识密集型现况的新型模式，取代了工业时代的模式。这种更模式化的新型女性领导模式，强调后英雄式的领导方式。这种关系型领导模式带有许多标签，如分配、仁慈、共享、安静、连接、包容、谦逊、后英雄式、复杂。虽然这些领导方式存在明显区别，但都强调平等和互助合作，减少等级式交流，并认识到把握好培养个人积极性与促进组织产出之间关系的重要性。

西蒙斯学院组织性别问题中心的研究员乔伊斯·弗莱彻（Joyce Fletcher）认为，这些关系型或后英雄时代的领导模式有三个特点，可以将其与传统的个人主义模式区分开来。

- 领导是共享和分配的，而不是由一个人独占。
- 领导是一个社会过程，关键在于人与人之间的互动交流。
- 领导力应为组织中的人和组织本身带来学习、成长和健康。

如果火星定居点采取这种新的领导力模式，男性和女性将更有可能分享权力，并有助于在火星上建立一个更平等的社区。

男女搭配，成绩更好

Bazooka 牌口香糖的包装纸上，曾经印制了很多不同的笑话和预言未来的连环画。而对小孩而言，关于未来最喜欢的事情之一就是：“21 岁时，你会登上月球。”在一张粉红色口香糖包装纸上飞往月球的承诺，激励着他们，让很多人感到快乐。然而随着年龄的增长，很显然，女孩在一般情况下不太可能“登上月球”和进入太空。

鉴于太空中的女性数量有限，宇宙飞船上的团队可能全都是男性或只有一位女性。这可能无法使宇宙飞船成员取得最佳成果。

> 在解决问题时允许成员持有不同的观点，在团队中是非常重要的。在“火星一号”的候选人团队中，我们将一直在一起。如果我们中的一个人失败，那么我们都会失败。
>
> **“火星一号”申请人**

许多近期研究表明，性别多样化团队可能优于单一性别团队。安妮塔·伍利（Anita Woolley）教授和托马斯·马龙（Thomas Malone）教授所做的一项研究表明，团队的集体智慧与其个人成员的智商之间几乎没有相关性，当团队的性别更均衡，且女性比例更高时，团队的集体智慧就会得到提高。研究团队把年龄在 18~60 岁的受试者随机分配到不同团队，进行标准智商测试。他们要求每个团队都完成几项任务，包括头脑风暴、决策和视觉谜题，还要解决一个复杂问题。研究团队基于其表现给出智力分数。研究结果令人惊讶，拥有高智商成员的团队并没有获得更高的分数，但女性成员更多的团队成绩更好。

这只能更加证明了此前的长期研究结果，即由不同身份的个人组成的团队，可能优于那些更单一化的团队。因为不同身份的成员有着不同的问题解决方式。这样的团队，甚至可能比由能力很强的个人组成的团队更成功，因为复杂问题的最佳解决方案通常是由于运用了不同的工具和能力而产生的。不过这种身份多样化的团队面临的挑战是，如何通过减少沟通障碍、缓和冲突，并发展成员间的相互尊重，来利用这种潜力。

一项有关生产力的纵向研究，对来自各类科学和工程学科的60个工作小组中的500多名科学家和工程师进行了调查，也得出了类似的结论。研究测试了科学和工程团队中的男性和女性在评估同事的专业知识时的差异，以及团队绩效产生的影响。研究表明，团队的整体性别组成，预示了团队中利用女性的专业知识的情况。此外，性别多样化团队中受过高等教育的女性比例更高。该研究的团队对象，包括科学家和工程师在内，有点类似于“火星一号”的候选人团队。在考虑创造力和利润时，研究也发现了性别多样性团队的优势。例如，一些研究表明，教育和性别的多样性可能有助于引进创新技术。

研究团队进行了一项对商学本科生组成的创业团队的实地试验，评估女性在企业团队中的比例对团队业绩的影响。实验表明，在性别组合方面，性别组合均衡的团队，在销售和利润方面的表现优于男性主导的团队。同样，对企业董事的研究表明，女董事对董事会的投入和企业成果有重大影响。在美国某一公司的案例中，女性董事比男性董事的出勤记录更好，而董事会的性别越均衡，男性董事出现的出勤问题越少。在董事会性别更均衡的公司中，CEO 的变更对股票表现更敏感，董事将获得更多的股权薪酬。

所有这些研究表明，火星移民任务中性别多样化的团队，可能优于性别单一的团队。最近，组织内部的实地研究表明，在个体中协调模式化的女性和男性特征的能力，也会影响结果，进而也支持了上述说法。例如，研究发现，即使是在男性化环境中，那些被鼓励在男性特征中增加女性风格的男性，在领导效率方面也表现得更好。

> 火星任务给了我一种不同的视角。它开拓了我的视野，让我认识到，“火星一号”任务对创造变革和人类进步来说至关重要。
>
> **“火星一号”申请人**

在关于两个海上石油平台的一个有趣案例中，组织领域的研究员罗宾·艾利（Robin Ely）和黛博拉·迈尔逊（Deborah Meyerson）解释称，建立一种男性化因素较少且不喜欢大男子主义行为的组织文化，能提高组织的效率和安全性。通过创造这种文化，让男性不再迫于社会压力作出展现男子气概的行为，比如证明他们是多么坚强、多有能力、多勇敢，像那些在其他危险场所工作的典型男性一样，研究涉及的公司让男性在更安全的工作场所中的生产效率更高。

火星移民任务选择性别均衡团队，也可能有利于承担与任务相关的风险。许多决策都会涉及，是选择冒险尝试以得到潜在的奖励，还是选择一种会降低风险、减少潜在奖励的更安全的方式。总体而言，研究发现，男性比女性更喜欢冒险。例如，在美国，与单身女性相比，单身男性的资产和财富面临的风险更大。还有研究表明，急性压力将扩大风险喜好的性别差异，使男性更倾向于冒险，女性更倾向于规避风险。该研究的作者假设自然选择的压力可能导致对压力有不同的生物行为反应：对男性而言，在压力下承担风险可能让他们在竞争领地或其他资源时受益；而作为母亲的女性如果具有相同倾向，则可能危及后代的生命。这表明，假设火星移民候选人成员面临紧急情况，在这种情形下，性别均衡的团队可能会作出更平衡的决定。

换句话说，火星移民任务选择性别均衡的团队，可能在有些方面受益，包括创造力、安全性和决策过程。如果这些团队中的女性和男性都能有不同的行为，则可能会带来更好的表现。

性别话语：看得到，听不到

大量研究已经确认，与男性相比，女性更不容易参与侵略性或主导性的行为。例如，在小群体环境中，女性不太容易参与打架等非语言行为，或发起谈话等语言行为。同样，与男性相比，女性更不容易发起谈判、表现积极成为领导者。相反，女性比男性更喜欢参与节省体力的行为，比如，当对方说话时，保持微笑和眼神交流。其他研究认为，女性往往使用不甚强势的语言：她们倾向于少说脏话，更有礼貌，经常做弱势表达，并更多地使用疑问句。女性也往往比男性更少打断别人。

有一些理论可以解释这些差异。一种观点认为，因为男性和女性占据不同的社会角色，他们的行为以可预测的不同方式，去迎合这些角色定义。具体来说，因为女性比男性更适合抚养的角色（如母亲、看护者），所以，她们可能会表现得更顺从和不积极。另一种理论的主要观点是，男性的睾丸素水平更高，这可能导致了更强的侵略性和更高的支配地位。无论什么原因，结果都是，在与领导者的信心和能力相关的强势文化中，女性在与他人交流中处于不利地位。

沟通风格中的上述差异表明，为保证听到并重视女性的声音而采取谨慎行为，会使“火星一号”的候选人团队在这方面受益。正如我们所看到的，性别多样化的团队明显更有利于成功。失去或贬低女性的声音，对充分利用团队资源和工作以发挥全部潜力是一种制约。当一个团队面临着应该利用全部成员的所有优势，才能找到最好的解决方案的高风险情况下，这才是真正的危险。

性别游戏：重新思考火星上的两性关系

火星移民任务旨在找到一种不像地球上那样复杂的、受约束的、存在潜在危害的两性关系，并将其应用于任务中，以及将在火星上建立的社区内。关于如何最好地实现这一点，我的建议是用我称为“性别游戏”（gender play）的方式。游戏有多种定义，且在其性质、目的和表现方面很复杂，比如“实质性假期”“无目的活动”“本质上不同于认真的活动”“没有义务去做的活动”“自发的、受内在驱动的活动，没有特定目的，只是为了自己，与乐趣和享受有关。”

斯图尔特·布朗（Stuart Brown）在《玩出好人生》（*Play*）一书中认为：“有时候，当我们长大了……我们会因为游戏人生而感到内疚。我们觉得这是碌碌无为的，浪费时间，是罪恶的……其他的游戏，像体育联赛这种，大多是有组织的，且富有竞争性。我们努力，希望能有所成就。”但是，游戏会带来很多好处。“游

> 火星上的新生活将创造不同于传统人类社会的新型社会。创造一个真正平等的社会需要一个崭新的起点。新火星社会将不受任何旧社会形态束缚、并能创造出新事物。但真正的社会实体是为生活在其中的人们创造的。能够参与这一社会的建立与成长，将是一种荣誉和特权。
>
> **“火星一号”申请人**

戏是一种催化剂”，它的效果“可以通过生活传播，通常会让我们在做事情时更高效、更快乐”。它包含了自由、惊喜和不确定性，并使手段与目标之间以松散和灵活的方式联系起来。游戏是强大的创造力发动机，是以之前没有想到的方向思考的一种方式。有趣的互动游戏，包括娱乐、想象和虚构，能促进关于领导力以及人际交往和人际关系的新思维的潜在发展，使火星移民能抛弃旧的思维方式，重新思考、定义、修改、重塑新的思维方式，并建立一个更加平等的社会。这种社会，不是地球上现有性别权力结构的简单复制，而是使男性和女性以及其他身份群体能够一起体验、生活得更美好的社会。

为做到这一点，火星移民任务需要为移民们构建“游戏空间”。游戏空间是一种安全的身心环境，可以减轻社会认同和探险合法化带来的压力。这样的空间允许玩家尝试新身份、新想法、新的领导行为和形式，并充分参与到与情感、反思、思考和行动等相关的循环学习中。建立一种游戏和娱乐文化，并确保安全的游戏空间将打造出具有创造性和创新性的“实验室”，这种创新性可能会形成不同的社会，除了更丰富和有趣的部分，还允许制定和建设，或者说解构性别与领导力的新方式。通过游戏，男性和女性可以探索新的互动方式：转换角色，交换性别角色，混合性别角色或轮流扮演角色。他们将有机会探索新的领导力形式和“后英雄时代”的领导力形式。

也许，火星移民任务的训练和选拔过程就能提供那样一个安全的游戏空间，它可以展现在不担心任何后果的情况下面临挑战时，候选人将如何探索出最有效的团队工作方式。在这样的环境中，“一个玩耍的孩子更聪明”这句话，可以改为“在太空和火星上玩耍的社区，可以作为启发性社区，比在地球上的社区更为先进”，其目标是为拥有新的可能性、更好的世界而努力。

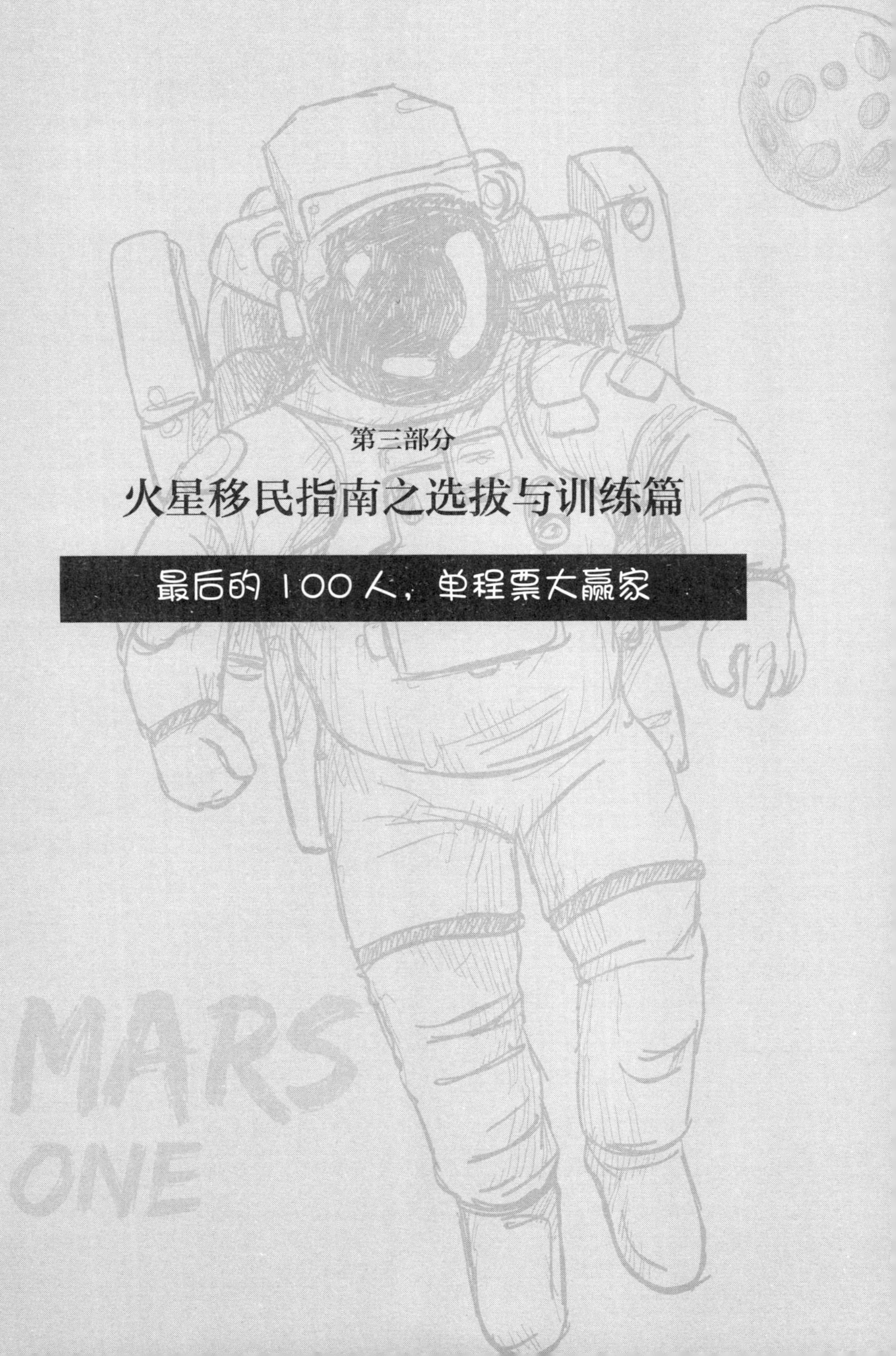

第三部分

火星移民指南之选拔与训练篇

最后的 100 人，单程票大赢家

MARS ONE 导读

活在摄像机下

试想一下，当你发现摄像机正在直播你说的每一个字，并且观众可以看到你每一个不自然的表情，而你却要与刚认识的人一起参加工作面试或试图解决某个问题。“火星一号”移民任务候选人的选拔和训练，确实与为其他传统太空飞行任务有很大不同：在最后阶段以及大部分训练过程中，火星移民候选人会缩减至100人，此时将开始全程摄像，与全世界感兴趣的观众分享。连续拍摄对火星移民候选人会产生什么影响？对观众的影响又会怎样？究竟为什么要公开播出？这些火星移民候选人又是谁？

在回答这些问题前，让我们仔细看看“火星一号”的拍摄计划。有很多关于未来拍摄情况的猜测，且通常认为候选人的选拔和训练过程将是一次现实版的真人秀。这个猜测和未来的实际情况可能相差无几。

实际上，视频播出后，将产生一种全新形式。首先，记录选拔和培训过程的目的，是评估候选人的知识水平、诚信或正直与否以及团队协作能力。如果申请人有不恰当的行为（如言语辱骂与歧视，这在许多真人秀节目中常常会产生戏剧性影响），将会立即被淘汰。戏剧性效果最有可能来自竞争中的挑战和个人冲突。毫无疑问，这些情况会在任何阶段出现，需要参与者努力克服。

我们不会提前写出故事线，且不会为了录制而提前进行排练或重演。在拍摄期间或之后的几天、几个月内都不会修改台词。参与者不会被安排说什么或如何表现。此外，节目没有引导性问题，或试图引出具体的回答，也不会故意羞辱或利用参与者。当然，节目会通过直接询问和个人或小组汇报的方式，了解参与者的想法与价值观，并揭示其真实性格。

健康、有效的团队合作，对第一批火星移民而言至关重要。挑战将始终以团队为导向，即团队整体的胜利或失败为标准。每个选拔日结束时，参与者将对想要继续合作的三个队友进行排序。“火星一号”选拔委员会将根据对最佳团队是否有利为标准，一起决定应该被淘汰的成员。但在某些情况下，建议被淘汰的参与者将有机会为自己辩解，并参与讨论。任何赢得挑战的团队，都不会在特定挑战轮次中失去成员。

获胜者得到的奖励不是金钱，而是下一步的教育和训练以及可能在火星上定居的机会。这项工作的最终目标，是为火星移民任务找到合适的移民人选。

然而，这个过程必然会有一些与传统真人秀形式相同的东西。在第 19 季环球竞赛式真人秀节目《极速前进》（*The Amazing Race*）中，与丈夫厄尼·霍尔沃森（Ernie Halvorsen）一起夺冠的辛迪·张·霍尔沃森（Cindy Chiang Halvorsen），在本书第 8 章中讲述了他们在参加《极速前进》时的经验，以及在几乎全程被拍摄的情况下，团队合作完成任务的状态。他们的经历同样突显了火星移民候选人必须面对的挑战。

鉴于辛迪提及的拍摄中的种种困难（比如天气太

热），为什么还要拍摄整个过程呢？本书编者兼“火星一号”选拔委员会委员詹姆斯·卡斯博士在第 9 章中，思考了全程拍摄移民选拔和培训过程会对电视机前的观众产生何种影响。

当然，让观众开心、提高收视率，这是所有电视节目的目标。但“火星一号”选拔委员会希望采用与当前播出的其他节目不同的形式，来实现这两个目标。卡斯博士解释称，“火星一号”组织者希望，这些选拔和培训过程可以影响观众的生活，改变他们对人类征服太空的态度，而不仅是为了娱乐大众。

最终，100 位火星移民候选人也有机会发言（见本书第 10 章）。哪些人愿意并渴望得到飞往火星的单程票？他们疯了吗？他们会脱颖而出，还是只有想要冒险的人呢？

作为选拔过程的一部分，候选人会回答提问，第 10 章将为我们带来部分候选人的回答。他们的答案展现了其个性特征，并能帮助我们了解当节目向全球播出时，我们将看到何种面貌的候选人。

08

不是电视真人秀，
而是征服未知的英雄之旅

辛迪·张·霍尔沃森

一个特立独行的人，是厄尼好运的妻子，也是他们儿子好运的母亲。作为一个屡获殊荣的品牌营销员和商业战略家，她喜欢自己现在的职业。厄尼和辛迪在《极速前进》节目中获得的奖金，一部分被投资到有社会影响力的初创企业，为发展中国家的人们创造了可持续的就业机会。

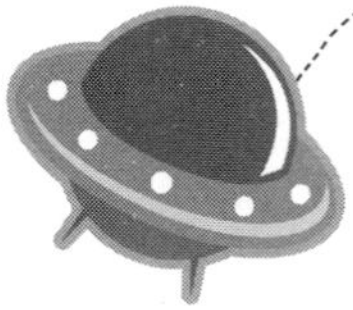

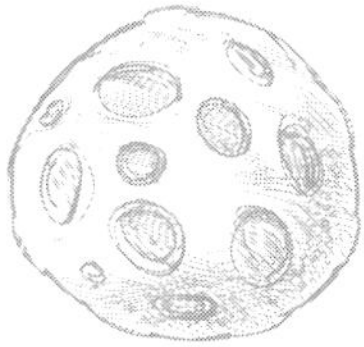

行程 56 327 公里、历经 20 个城市、穿越 9 个国家、横跨四大洲。我叫辛迪，我和我的丈夫厄尼·霍尔沃森是《极速前进》第 19 季的冠军。《极速前进》是一档电视真人秀节目，11 支队伍在世界各地的比赛中竞争。每支队伍由两名有一定关系的选手组成，前往世界各地，参加一系列被称为“绕道”（Detour）和“障碍”（Roadblock）的心理与生理挑战，并努力成为率先完成任务并抵达终点的团队。

这与“火星一号”及火星移民任务有什么关系呢？在完成了这一全球最极限的挑战比赛后，我和厄尼终于明白了通过团队协作来征服未知的重要性。经历了长达三个多星期的拍摄后，我们也掌握了一些在数百万人注视下如何正常工作的技巧。

飞往火星的地球人面临的不仅是定居火星的挑战，还有其他很多挑战。首先，他们将面临严格的培训，这是对其心理和生理的挑战，以证明自己有能力完成任务，而整个过程将被录像。

团结起来，一切皆有可能

与我和厄尼的情况不同的是，参加“火星一号”任务的候选人之前是彼此不相识的。虽然，团队成员可以基于一些标准来选择队友，即每个团队必须有一半是女性、一半是男性，以及尽可能国际化，但他们之前并没有什么关系。所以，合作时必须快速找到如何一起工作、如何接受对方个性的方法。

在《极速前进》节目中，我和厄尼作为一个团队申请参加比赛。我们彼此非常亲密且熟悉，知道怎样在一起工作。然而，我们刚刚开始交往时，必须学会如何引导分歧，实际上，我们的分歧非常明显。我们就像是在不同行星上长大的一样！厄尼出生在美国本土，来自芝加哥一个工薪阶层社区。他的童年大部分在棒球场度过或是在城市的小巷里玩曲棍球。上大学时，他总是在策划恶作剧或聚会。厄尼爱冒险，有时候会有些鲁莽；他觉得生活就要“听天由命，顺其自然”。

我出生在重视教育的中国移民家庭，父母都是大学教授。我的成长过程离不开中国传统学校、公立学校、艺术课、武术课、钢琴课，时间总是被安排得满满当当。大学期间，我作为学生干部，积极参加学生活动，并以优异成绩毕业。后来，我在职读研，获得了美国名校西北大学的工商管理硕士学位。设定目标后，我就会制订计划去实现它，这意味着我能满怀热情地完成目标。

> 我相信，只要我们团结起来，一切皆有可能。比起把我们扔到另一颗星球上，我想不到还有任何其他让我们更团结的方法了。
>
> **“火星一号”申请人**

我们互相迷恋，而我们之间的差异让我们两人组成的团队更强大。我善于制订计划，而厄尼则常常能快速作出决定。当我从逻辑上解决问题时，厄尼则会提出更具创造性的解决方案。当我变得很严肃时，厄尼知道怎样缓和气氛。有时候，厄尼不明白为什么我这么较真，我们仍然会发生冲突。而当我觉得他不够严肃时，我会感到沮丧。显然，这些差异让我们成为一对有趣的真人秀选手。试镜时，我们强调“对立而吸引”的关系，以引起导演的注意。

我们学会了如何接受彼此性格的多样性，并将其作为我们在比赛中的优势。最后两场比赛，就是如何利用我们性格的差异赢得胜利的很好例子。在巴拿马，我们无法确定最后一条线索，即找到最后一个中转站的位置。作为探险者，即使不知道要去哪里，厄尼还是把我塞进了出租车。幸运的是，出租车司机从另一个团队的司机那儿得到了提示，把我们带到了正确的地方，保住了我们倒数第三名的位置。此后，在亚特兰大的最后一站，在一幅悬挂于近 17 米高空的巨型世界地图上，我连出了那次比赛的路线图。这个任务让我得以充分发挥自身优势，因为作为计划制订者和工作准备者，我已经记住了拍摄过程中我曾在地图上绘制过的路线。很快我就完成了任务，然后我们一起前往终点，领取 100 万美元的奖金！

我们两人都没有办法单独完成比赛。虽然，火星移民候选人将面临各种特殊测试，但是，每个团队的成功同样取决于他们共同拥有的技术和能力，以及他们是否愿意了解和信任其他成员所具有的独特能力和优势。

准备比赛，认真训练

在“火星一号”选拔过程中激烈竞争的申请人，最终都会相互了解，就像选拔委员会和电视机前的观众那样，通过选拔和培训过程来认识他们。由于全程拍摄，“火星一号”纪录片与《极速前进》相比，更像《幸存者》（*Survivor*，求生类真人秀）、《老大哥》（*Big Brother*，社会实验类真人秀）、《真实世界》（*The Real World*）这类电视真人秀节目。陌生人被汇集在一起，并被要求一起工作或者共同生活。对参加真人秀节目的我们而言，胜利是最终的目标；而对于“火星一号”候选人而言，“获胜”还只是万里长征的第一步。

不过，为了准备比赛，我和厄尼已经完成了自我训练。这种准备工作让我们更好地了解对方和自己，而事实证明，这正是我们最强大的力量。

在获悉自己得到了让人称羡的《极速前进》参赛资格前，我们已经制订了为期 6 个月的全面训练计划，帮助我们调整身体和精神状态，以适应艰难的赛程。我们是这个节目的超级粉丝，已经看过很多季比赛。而且，我们经常通过如何选择绕道、决定谁做路障，想象我们自己在电视上与竞争对手比赛的场景。我们的主要策略是做好周密准备，而且，我们知道，这个挑战赛将测试各种心理和生理技能。

我们对自己的优势和弱点进行了大量分析，这样，我们就可以确保在决定该采取何种路障或绕道时，能够快速作出决定，而非在已经十分紧张的局势下，却还要承受更大的压力。厄尼在体育和身体活动方面表现突出，而我的优势在于心理挑战，如记忆和智力游戏。对这些能力的充分了解，有助于我们制订活动计划，并采取行动。

在赛比赛进程中，每当我们需要决定，由谁来完成面临的挑战时，我们都会评估个人优势，从而可以很快、很容易地作出决定。厄尼主要承担体力挑战，如在马拉维（Malawi）时搬每袋约45.4千克重的烟草，再比如在哥本哈根时骑野马。当需要记住一句孔夫子的话或背诵一首安徒生的诗时，由于我在听力和记忆力方面的优势，这必然是我的“菜”。迅速决策对比赛成功至关重要；每一秒都有价值，都可能影响比赛的输赢。

我们增加了体育训练的强度，进行户外运动，包括负重跑步、攀岩、皮划艇、游泳和体重训练。与此同时，心理训练也很重要。我们研究地图，认真阅读旅行书籍。我们明白，语言沟通技巧非常重要，而且，说实话，这不是我们的强项。所以，我们专门留出时间去学习。尽管我们已经相识多年，但这绝对是我们训练中最艰难的一部分。我们买了一套乐高玩具，里面附有搭建卡车的说明书。厄尼来搭乐高积木，我负责指挥。我们背靠背坐着，他看不到说明书上的提示，而我看不到积木，但我们必须搭建出卡车。我们学到了很多沟通技巧，也变得更有耐心。所有这些准备，让我们的关系在《极速前进》节目拍摄前就得到了加深与强化。

被摄像机全程跟踪拍摄

我们的训练过程没有摄像机跟踪拍摄，所以，谢天谢地，我们所有的学习时刻和争执都没有在电视上播出。“火星一号”候选人将在工作过程中相互了解，了解彼此的能力，并在压力环境下探索沟通交流的最好方式，与此同时还要被全程跟踪拍摄，并与其他团队竞争。此外，“火星一号”候选人将学习宝贵的生存技能，比如修复居住点、探测车、医疗处理，以及如何在新环境中种植植物。所有的一切，都要在摄像机镜头前进行。这些素材应该可以让电视节目变得更有趣！

刚获悉我们要参加的《极速前进》时，我和厄尼的共同问题是，“整天都要拍什么”。首先，让我解释一下，在《极速前进》节目中是如何拍摄的。虽然我们俩被称为一个团队，但实际上我们是一个 4 人团队：每个团队的两名选手要搭配一名录音员和一名摄影师。在全部规定时间内，我们 4 个人之间的距离必须保持在 6 米以内，以确保能捕捉到所有的画面和声音。而在任务区域、关键路线点以及每一赛段的中转站，还有其他的固定摄像机和录音团队。

虽然在大部分比赛中，我们觉得像普通人一样，在参加一次不可思议的比赛，但实际存在的拍摄设备还是影响了我们的行为。我们不得不考虑另外两个人（摄影师和录音师），因为我们 4 个人必须一起行动。这两个附属成员与我们的重点不同，他们要获得好的画面，而我们需要快速行动以通过比赛。例如，当我们在印度尼西亚时，我深入一处洞穴，得到了下一条线索。我们的摄影师跟着我下来，但后来被制片人揪回去，要求在洞内拍摄更多镜头。我们不得不等了 20 分钟，直

> “火星一号”的探索，明显比我希望由自己完成的任何事情都更伟大。这是一次终身冒险。它面临着前所未有的挑战，并且我们有机会选定自己的对手。
>
> **“火星一号”申请人**

> 我爱地球，我爱地球上的人们，我爱在这里的生活。我想成为“火星一号”的成员，不是因为我想离开地球，而是因为我想成为那些在火星上为人类建立据点的人之一。这个任务非常重要，我认为离开地球并不太难，因为我正是为地球而去的。
>
> **“火星一号”申请人**

到摄影师再次出现，我们才能继续比赛。20 分钟可能就可以决定我们是第一名，还是最后一名！多年来，很多队伍都发生过类似的推迟事件。

此外，你还必须考虑到装备。因为《极速前进》节目跨越全球多个国家，所有拍摄设备必须通过烦琐的通关程序，这显然会影响团队在比赛中的竞争。有时，摄像机的电池没电了，你必须停下来更换电池；有时，随身佩戴的麦克风可能无法正常工作，你必须停下来调整。如果遇到水上挑战，我们要停下来，把麦克风换成防水型的。当从空调房出来，到闷热潮湿的户外时，摄像机镜头总是会起雾，所以，我们不得不等镜头上的雾散去，或者坐没有空调的闷热的出租车。当你拍摄一个大型真人秀节目时，这些都是正常的程序和很常见的事情。

尽管“火星一号”候选人大部分时间将待在同一个地方，但根本不用担心边境海关或空调（虽然空调坏了可能危及生命安全！），不过他们大概免不了全程录音和摄像这一问题，这可以比电视真人秀节目人为加工过的场景感觉更真实。最开始，我们和《极速前进》节目的其他参赛者都感觉就像从好莱坞的一部电影的片场切换到另一个片场。这种感受在中国台湾地区的第一个中转站时最明显。当我们到达主持人菲尔向我们打招呼的签到席时，看到整个团队拿着打光板，还有更多的摄像机、录音吊杆冲过来，我们感到很惊讶。这看起来与实际情况不太一样，实际上，

> 我相信，人类不断进步的关键，是要提出更多问题，而不是得到答案。这是人类进步的号角。通过选拔成为前往火星的团队成员之一，我希望能以独特的角度，打开藏有更多问题的大门，并在旅途中寻找答案。也许其中正有我的问题的答案。
>
> **“火星一号”申请人**

我们从洛杉矶到台北，经历了漫长的飞行，还在机场过了夜。

拍摄一开始，共有11个团队，总共44人，围绕每一个区域寻找线索或完成任务。此外还有制片人、安保人员、固定摄像机和录音师，要避开他们着实不易。你总是觉得会有一台摄像机就在眼前。对我们这个赛季的几位参赛者来说，非常重要的一点是，他们要随时准备好出现在摄像机前，做好完美的发型，化好妆（有些甚至会戴着假睫毛）。为此，他们经常放弃吃饭或睡觉的时间来打扮自己。

当对摄像机拍摄极为敏感时，大多数人不能像平常一样表现自然。有些人会过于夸张做作，因为他们知道，一旦节目在国家电视台播出，他们的过激反应将会获得更多关注。这些极端的个性特点，就是大多数真人秀电视节目的娱乐看点；毕竟，节目要赚钱啊！“火星一号”候选人在选拔过程中也可能有夸张行为，因为他们可能希望占据更长的播出时间。同样，与几乎所有真人秀节目一样，制片人要努力吸引广告客户，节目中出现更多的戏剧性人物，就可能吸引更高的赞助。不过，“火星一号”候选人仍然将专注于学习生存技能；他们的奖金要高于《极速前进》比赛结束时的100万美元。

摄像机对参赛者最明显的影响，是展现了人在目标驱动下的行为变化。对于我来说，有一支摄像团队跟踪拍摄，会让我觉得不自在，就好像有人在不断评价我在做什么。明明知道有数百万观众会看到我的言行举止，但你真的很难做到完全自然、不做作。同时，我会有些刻意地创造最能吸引导演的典型电视形象，即高度紧张但能取得出人意料的成绩的形象。一切都是为了胜利，为了成为最快、最聪明或最强者。虽然，这其中肯定包含了我真实的典型特征，但最终出现在电视节目上的角色却是这样一个有真实人物性格的夸张形象。

进行《极速前进》节目面试的制作人会提出一些好问题，这些问题能够引出参赛者讲述一个大型故事所需要的答案。打造一台吸引数百万观众的节目，是制作人的工作。作为参赛者，你想提供优质的内容，帮助他们做好工作，这是由参赛者希望获得更长播出时间的愿景驱使的。在面试中，当问到某个问题时，你被事先告知，要先重述问题，然后再回答。所以，制片人可能会问："你是目前比赛中最强的团队吗？"回答时，你要先说："我们是目前比赛中最强的团队，因为……"那么，下一个问题可能是："谁是最弱的团队？"此时你的回答就要涉及团队竞争了。

厄尼对拍摄的反应与我有些不同。他的答案比平时通常更政治正确，因为他担心引起不好的舆论反应。正如他所说的，当朋友们看节目时，他不想给朋友任何取笑他的理由。当你面对摄像机，有一种发自内心的声音钻进你的脑海；你会反复考虑你说的一切，仅仅是因为你不想被逮住讲错了话。在回答前面提到的第二个问题时，厄尼会说："我尊重所有团队，他们都是很棒的竞争对手。但我们希望自己最终能赢得胜利。"而实际上在镜头外，他常常会给出一个高度情绪化、更生动的评论。回家后，他的朋友们并没有嘲笑他，但是，尽管他政治上正确的答案很有说服力，我们却没能给制片人更多帮助，共同打造一台有趣的电视节目。

要我说，最后是对我的采访获得了更长的电视播出时间。

经历了开始拍摄的头几天之后，你会逐渐适应拍摄节奏，你想怎样在摄像机前一举一动，并轻松地表现你下意识或有意识地想要创造的形象。

“火星一号”真人秀节目的制作人，计划采取与《极速前进》节目不同的方式捕捉候选人的想法、感受和情绪。在《极速前进》节目中，我们在离开每个起点前、比赛期间以及到达中转站后，接受采访。应该鼓励“火星一号”候选人在全程拍摄过程中，大声地表达他们最自然的想法和感受。当他们回答具体问题时，心理学家对他们的提问也将被拍摄下来，并呈现在电视屏幕上，其中应该防止存在诱导性问题。

不只有趣

人们在拍摄节目时的表现使真人秀节目与现实不尽相同，节目本身也会产生影响。从我们参加《极速前进》节目的经验来看，制作一台有趣的电视节目，比竞赛本身更重要。在拍摄期间，我们会经常被提醒，这首先是一台电视节目，其次才是竞赛。制作人希望按照书面规则来维护游戏的公平性，但这是一档电视节目，对他们而言，谁输谁赢并不重要。这档节目从开始到结束，路线设计必须有趣，而表彰获胜者只是在本赛季的最后几分钟才有意思。最后，制片人想要得到他们提前计划好的片段，希望按脚本讲故事。而你，只是一个有幸来出演影片的人。

我真的很幸运！很少有人能以这种令人振奋的方式看到这个世界，还能学会团队合作的技能和领导力。我和厄尼非常荣幸能一起分享这种经历，并成为一对更强的夫妻。我是 A 型人格[①]，经常希望一切都按照我的计划进行，但通过比赛，我学会了放弃高高在上的姿态，与厄尼成为更好的伴侣。我把我的重点从总想赢、做到最好，转变为过更加充实、更有目标的生活，并努力为他人带来积极影响。

《极速前进》节目似乎是一场自发式的表演，但一般而言，竞赛类真人秀节目通过挑选演员、后期剪辑，以及控制拍摄环境，制作专业性的节目。参赛者被选来，担任某个角色，编辑可以强调参赛者的个性，而节目时间的限制则要求，把数小时甚至数几天的视频素材，进一步削减为节目片段。制片人会决定采取什么行动、何时挑战、挑战什么。在我们的案例中，他们决定了任务地点和任务形式。演员选择过程帮助制片人预测参赛者对任务地点和任务形式的反应，而且这些反应越极端越好。

电视节目制片人希望得到最为多样化的情绪反应，以提高节目的收视率。人们在镜头前展现出最好的自己，并不能有助于制作出有趣的电视节目；而他们性格特征中最具活力的部分才能有助于制作出有趣的电视节目。那么，怎样才能引发极端情绪呢？让我们忍饥挨饿、剥夺我们的睡眠，让我们变得脏兮兮的，用对未知的恐惧，引发我们的焦虑。你很疲惫，你的胃在怒吼，你能闻到别人的脚臭味，因为他们已经几天没洗过澡，这时候你还能清醒地思考吗？就像一些其他真人秀节目那样，比如《单身汉》

① 具有 A 型人格的人，进取心、侵略性、自信心、成就感较强、容易紧张，总是希望从事高强度的竞争性活动，不断驱使自己在最短时间内做最多的事，并攻击其他阻碍自己努力的人和事。具有 B 型人格的人则比较散漫、与世无争，对任何事物都能泰然处之。——译者注

（*The Bachelor*）节目，他们可以把我们灌醉。但在《极速前进》节目中，这太危险了。试想一下，你喝醉时还能在两栋30层高的楼之间走钢丝吗？制片人会收集我们所有的自然情绪，编辑出一部时长一个钟头的悬念剧。

这可能就是我们的经历与火星移民候选人的经历之间最不同的地方。“火星一号”的节目旨在教育性和娱乐性，其内容较少关注情绪化的情节设置和悬念制造，而是更多地关注太空旅行的现实。节目编辑们将专注于给观众传达关于火星的知识，以及移民候选人在为漫长而又刺激的旅程做准备时面临的挑战。毫无疑问，“火星一号”的选拔和培训过程会测试团队成员在压力大、睡眠不足以及无法达到最佳条件下的工作能力，但最终的目的是为登陆火星后将要面对的问题做好准备，而不只是为了娱乐观众。要激励团队成员协同工作，而不是通过彼此竞争来获得成功——像大多数真人秀节目一样，建立同盟的目的，不是为了增加自己团队的机会（或者说不只是为了增加自己团队的机会），而是为了整个任务的共同信念：移民火星。

移民候选人将不可避免地受到摄制人员的影响。由于觉得自己正在被拍摄，他们可能表现得与平时不同。让我们祝愿“火星一号”的拍摄，祝愿这些移民候选人能做好准备，顺利成为第一批在火星上生活的人。因为我们在地球上环球旅行的那56 327公里，比起前往火星的56 327 000公里星际旅途，简直就是小巫见大巫。

09

过去的科幻，今日的现实

詹姆斯·R. 卡斯博士

卡斯博士在载人航天领域已工作30多年。受20世纪60年代第一批进入太空的人的启发，他开始学习物理学和数学，并获得理学学士、硕士和博士学位（分别在加拿大、美国和英国获得）。20世纪80年代初，在欧洲第一个太空实验室和德国第一个太空实验室任务期间，卡斯博士作为这些任务在神经生理学领域的研究人员，培训了德国和荷兰的第一位航天员。他还培训了在“和平号”空间站工作的航天员，以及执行STS-107航天飞机任务但不幸遇难的航天员。

卡斯博士曾与苏联“礼炮号”空间站和美国第一个空间站“天空实验室”的航天员合作，开展了在隔离环境中的部分实验，研究航天员在长期隔离状态下的心理行为。他曾在德国、法国、西班牙、加拿大和英国等国的大学做神经生理学、生物物理学等方面研究，并担任了太空心理学方向的教职。

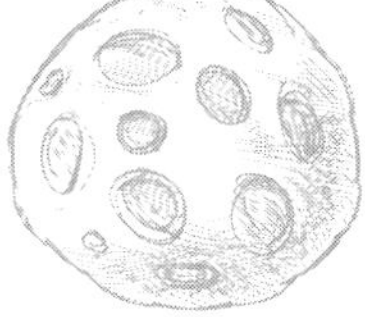

作为20世纪50年代的学生，我记得我们曾经有过一场关于太空飞行的热烈讨论。太空飞行是一个令人兴奋的、冒险的新领域，那时它刚刚起步。虽然没有电视，也没有互联网，但我们依然消息灵通。苏联刚刚击败美国，把人类第一颗人造卫星“斯普特尼克号”（Sputnik）送入太空。此后，苏联再次成功地击败了美国人，把第一个地球人尤里·加加林送入太空。接着，苏联声称已经实现了第一次太空漫步。但这一次，我们产生了疑问，在他们发布的照片上发现了一些暴露问题的蛛丝马迹，有些东西看起来疑似气泡。太空行走是不是谎言，或许是在水下拍摄的呢？事实上，怎样才能让我们相信，加加林真的进入了太空？又或许，这只是一个骗局？

我去当地图书馆，借阅了有关太空的所有书籍，无论是关于天文学的，还是如何建造火箭的，并通读全书（当然，我并不能理解所阅读的全部内容）。我的太空梦就此萌芽。我不知道实现太空梦想需要做什么，但我可以肯定：我想在这个激动人心的全新领域工作。过去的科幻已经成为现实。为了实现这一目标，我要上大学，学习需要掌握的所有知识。

时间快进到20多年后的1983年。我坐在休斯敦市约翰逊航天中心一间四面无窗的房子内，盯着图表记录器。我戴着带麦克风的耳机，坐在通信平台前。经我训练的航天员已经与欧洲研制的第一个太空实验室一起，搭乘航天飞机，进入了太空。太空实验室内，第一位操作太空实验的科学家航天员，正在进行我们的太空实验。我与航天员们进行了天地通话，我实现了我的梦想。当然，现在的我承认，苏联确实将第一位地球人送入了太空，并实现了第一次太空行走！

我常问与我同时代的同事们，最初是什么原因激励他们投入许多宝贵时光，努力工作，克服挑战，进行艰难的科研课题研究的。他们的答案往往都相同：美苏太空争霸早期带来的激动。但那已经是50多年前的事了，现在世界环境已经大为不同。拍摄“火星一号”移民候选人选拔和后续的特殊训练过程，是否还能带来那种激励？我想答案是肯定的！

拍摄这样的场景，把它呈现给广大观众，可以打破自20世纪70年代以来一直困扰公众的国家太空计划停滞不前的感觉。发射第一颗人造地球卫星“斯普特尼克号”后的10年内，美国独立研制了4种新的航天器：第一个载人飞船系列“水星号”，第二个载人飞船系列“双子星座号”，“阿波罗号”指令舱、服务舱和“鹰号”登月舱。每次任务都取得了重要突破。

如今，我们头顶的国际空间站每90分钟即可绕地球一圈，如同1998年发射空间站第一个组成部分所能实现的那般。国际空间站的前身，是苏联（俄罗斯）的“和平号”空间站。而“和平号”空间站的前身是苏联“礼炮号”空间站和美国“天空实验室”空间站。这些空间站在过去30多年里曾一圈又一圈环绕地球。

我们怎能预料到，如今的公众已经厌倦了这数千次的低轨道飞行？我们还有其他更多能激励现在年轻人的任务吗？在荷兰最大的太空技术和研究中心（ESTEC），我已经与欧洲空间局合作了30多年。然而，当我把这个消息告诉附近的居民时，常常看到他们一脸的迷茫。他们从来没听说过这个地方，也没有兴趣了解！

我们是否应该感到很惊讶？我们倾注了那么多年的时间和精力，研究那些艰难的技术或科学，但从业人员却逐年减少！而且，尽管现在的失业率相对较高，我们仍然缺少经过培训的人来填补职位空缺！

然而，一个令人兴奋的新领域如今正在兴起，如到火星的单程旅行(“火星一号”计划)、由美国亿万富翁丹尼斯·蒂托(Dennis Tito)发起的耗资10亿美元的“灵感火星”计划，以及由私营企业如SpaceX公司、维珍银河公司（Virgin Galactic，维珍集团旗下公司，第一个进入太空的非政府组织）等研发的新型飞船。如果这些项目的预期目标得以实现，也许我们将激励更多新一代年轻人，也有希望通过多年艰苦研究实现新梦想。“火星一号”希望跟随这些进展，把科幻变成现实，发挥出激励下一代的价值作用。

这个节目是否会像其他真人秀节目一样充斥荧屏

成为“火星一号”计划的项目顾问以来，我经常会碰到记者和公众对拍摄选拔过程提出疑问：这些候选人在观众投票时会被逐一被淘汰出局吗？每一步选拔过程都是根据个人在观众面前的表现或怎样巧妙击败“对手”的吗？

全程拍摄到底是什么样子？它会对观众产生什么影响？我希望这些活动具有娱乐性和教育性的双重意义。正如那些被奉为经典的著名影片能让年轻人和老人们一遍又一遍地观看，我想，“火星一号”的选拔视频将令人激动，既能让大众增长知识、娱乐大众，同时还具有教育意义，并真实展现人性的奇迹和缺陷。

观众可以看到，处于不同年龄段、多元文化环境里的参赛者，在解决面临的挑战时，每个团队都将以不同的方式展开故事情节。团队怎样才能作为团队，而不是作为一组个体，充分发挥它的作用呢？由于每个团队都是不同的文化组合，我们可以期望，会发生很多精彩的故事。

一名带来多元文化的队员，并不总是会带来快乐，也可能导致意外的挑战。

在“和平号”空间站计划期间，一位苏联航天员曾给我讲过一个故事。“和平号”空间站计划，有时也称为“第一阶段”，目的是让美国学习苏联长期航天飞行的经验，培养两国及其太空机构之间的合作精神。该项目有助于提升太空探索领域的合作，特别是为“第二阶段”合作项目——建设国际空间站做好准备。在长期的轨道停留期间，每位成员只允许随身携带限量个人物品。在某一次合作任务期间，发生了一件计划外的事情：一名苏联航天员带了他奶奶自制的一根特产香肠。他与他的同胞同事商量，要与在空间站的美国同行一起分享这根珍贵的香

> 人们通常不会有机会为全人类作出这么重大的贡献。只要明白这一事实，明白我将成为其中一部分的重要性，就能让我专注于眼前，而不是过去。
>
> **“火星一号”申请人**

肠，这意味着他们每人都要尽量少吃些。这可是个困难的决定，空间站上的每名成员都收到了他认真分配的三分之一根香肠。另一个苏联人慢慢咬了一小口味美的香肠，这可是几个月以来的最高享受！而美国人则很快就吃完了他的那一份香肠，当那个苏联人正满怀期待地等着他表示赞赏和愉悦的回应时，他却漫不经心地说:“味道还不错,但肯定不如美国的热狗好吃。”显然,这次“小事”之后，这个国际团队间的沟通与合作受到了影响。

选拔和培训过程将面临几种挑战:“火星一号”任务本身要面临的挑战,以及人们在一起生活时自然而然要面对的日常挑战。有些挑战虽然是日常生活的一部分，看起来似乎也不太重要，但却可能造成严重的长期后果。

MARS ONE 火星生存游戏

共同生活在一个封闭而孤立的系统中，无疑会使团队成员面临生活中的天然挑战，彼此逐渐亲近。即使是身体的基本功能，也可能导致意想不到的不良后果。

我记得，在为太空飞行实验和训练队员操作飞船做准备时，我们经常在运输机所谓的抛物线飞行运动中，模拟这种低重力环境。例如，NASA 的 KC-135 运输机或俄罗斯的伊留申-7 运输机。为实施必需的快速减压训练，在位于德国威斯巴登的美国空军的帮助下，我们当中有些人已经进行了这项训练。即便是放屁这种基本的生理功能，也是训练活动的一部分。如果在减压过程中，有人无法承受这些必需的训练，那么，在减压状态下身体会受到极大的生理损伤。例如，一位参与者考虑到身边有女性，试图憋住不放屁，结果险些丧命！在一个封闭的小房间里，几个成年人住在一起，体味和放屁不再是个人的事情，而不可避免地变成了大家的事。还记得，在国际微重力实验室 - 太空实验室（IML-Spacelab）任务期间，一名在生物架号（Biorack）多功能小型实验室工作的地面工程师突然发现，地面监控太空设备的显示器上出现了一个不同寻常、出乎意料的信号。经过毫无头绪的大量调查，最终得出结论，是站在太空实验室旁的航天员放了个屁导致的！在舱内这种小空间中，几乎没有什么可以隐藏起来：这也是“火星一号”在拍摄选拔和培训过程时将要面临的——它将对所有观众公开播放！

尽管所有参与者都将使用同一种语言（尽管不是他们的母语），但在沟通问题中仍可能会出现因来自不同国家和拥有不同文化背景而产生误解和尴尬。以我的经历来看，我作为外国人在不同国家时发生的一些事情让我明白，即使掌握了一门语言，也无法完全避免尴尬之事发生。不同性别、国籍的人，在不同情况下所说的同一句话，意义可能完全不同。

俄罗斯有句俗话说，当一个政客说“是”的时候，他的意思是“可能”；当他说“可能”的时候，他的意思是“不”；当他说“不”的时候，那他不是一个政客。女士则不同：当她说“不”的时候，她的意思是“可能”；当她说“可能”的时候，她的意思是“是”；当她说“是”的时候，那她不是女人！虽然这只是个特殊例子，所表达的意思也不完全对，但却说明，一句口头禅或一句简单的话，在不同的文化、语境、性别、宗教等背景中有着不同的含义，有可能导致严重误解。

比如，一起吃饭可能是一种很好的社交活动，但也可能是引发不愉快与误解的导火索，即便吃饭双方说的是同一种语言。

> 我在埃及的时候，一位老人给我讲了个故事：他 7 岁时，进了一个由美国传教士开办的主日学校。一个星期日早上，老师带来一篮子苹果打算分给小学生们。他是第一个。当老师给他苹果时，他按照他们国家的习俗，礼貌地拒绝了，希望老师会再次给他。但下一个学生很快明白不会再有下次，而立刻接受了苹果。回家后，他哭了，因为他是班上唯一没有分到苹果的人。虽然，他们说着同样的语言，但“不，谢谢你”这句话的文化意义却相当不同。在埃及，人们在接受馈赠前一般会至少拒绝一次，但这只是礼貌地意思一下，并不一定是真的。所以，如果你想确定对方是不是诚心要给，就应该等对方第三次重复说送给你，你才可以放心地接受。要理解同一种语言表达的同一句话，意味着你要稍微了解一下社会习俗。
>
> 再举一个例子。我记得我哥哥的一次痛苦经历。他去埃及同学家中做客，并留下来吃晚饭。晚餐通常由几道份量很足的菜肴组成。第一道菜是埃及传统的特色菜，用长蒴黄麻[①]叶做的黏糊糊的浓汤，当地称为 molukhiyah。对

① 长蒴黄麻：近年来兴起的预防癌症、消除疲劳的新兴保健食品，原产于巴基斯坦和印度。叶子和嫩茎是主要的食用部分，营养价值很高。埃及人一般将它的叶子切细后做汤。——译者注

大多数外国人而言，喝这种混合浓汤，比强迫孩子吃鱼肝油更糟糕。趁着没人看见，哥哥悄悄把整盘浓汤倒进了旁边的花盆里，希望第二道菜会更合自己的口味。同学的妈妈看到空盘子很高兴，但并没有给他上第二道菜，而是又给他盛了一盘这种可怕的浓汤！我哥哥不知道，空盘在当地的意思就是告诉主人，他还没有吃饱，想再多要一些。

在不同文化中，表示赞赏的方式常常很不一样，有时可能会产生与预期相反的效果。在“火星一号”的早期选拔过程中，难免会发生这样的事情，这会让观众感到很有意思，还能增长见识。

虽然，所有成员都会说英语，但这并不意味着事情能够顺利开展，特别是在第一次测试时，他们还没有很好地了解对方的风俗习惯。因此，意料之外的情况势必会发生，观众从而得以看到成员之间的种种尴尬以及成员之间的相互学习过程。

我记得某个冬天，我曾与来自北美、欧洲和东南亚的几位国际同行去奥地利参加会议。会议举办地安排在一些漂亮的滑雪场附近。我们问亚洲同行，是否愿意与我们一起滑雪，他礼貌地表示同意，就像他对我们想要做的其他所有事情的反应相似。坐缆车抵达山顶时，我们问他，是否愿意陪我们到山顶的（也是最艰难的）斜坡，他又一次礼貌地点点头。当我们到了那里，准备滑雪下坡时，我们惊讶地发现，他几乎无法在滑雪板上保持平衡，更不用说滑雪了！正如他在故乡的习惯一样，他尽量让我们高兴，一再同意

> 过不一样的生活是我的梦想，而我相信，火星将是实现这一梦想的铺路石。我喜欢做别人想都不敢想的事情。
>
> **“火星一号”申请人**

我们的建议，而我们却没有真正了解他是否会滑雪。我们试图把他带下那段难度很高的山坡，这是一种挑战。两个人努力从两边扶着他，然而整个队伍每隔几米就会接连不断地狼狈滑倒！我们算是领教了跨文化交流中因为习惯不同带来的困难。“火星一号”在选拔候选人阶段，会遇到各种有着不同文化背景和民族背景的候选人，观众将会看到许多有趣的情形发生。

有些人可能会享受拍摄过程，而其他人则不希望把自己的每一个动作都记录下来。名人们对摄像机常常爱恨交加，“火星一号”候选人可能也是这样。当我访问俄罗斯航天员培训中心明星城时，经常遇到俄罗斯和国际乘组人员在进行“和平号”空间站的飞行训练。在某次访问中，我的俄罗斯同行向我指了指一名从我们身边走过、正在训练的美国航天员，他即将飞往空间站。我举起相机给他拍照，并跟他打招呼。他却举起一摞纸，在经过时挡住了头。后来，我作为贵宾再次来到明星城，当有人把我正式介绍给他时，他跟我说了抱歉。他说他以为我是个让人讨厌的游客……

我想象的选拔和培训过程是不同类型活动的组合，全程都会被拍下来。这些活动可能包括面试、团队动力训练、技术问题，以及展示火星生存必备的技能与技术、心理等方面倾向性的各种测试。

观众在观看测试和选拔候选人的过程中，也会逐渐了解成为一名优秀候选人需要哪些宝贵技能、具备哪些性格特质。除娱乐性之外，有些人还会学到更多，包括在实践中如何运用这些技能，以及它们在地球和任何太空任务中的重要性。甚至，有些人会在每集节目后，带着培养自身技能的想法或目标外出度假。因为他们逐渐认识到，这样的技能将不仅有助于他们的生存，而且还能使他们在工作和日常生活中表现得更出色。希望有越来越多的人受到启迪，支持人类探索外太空的事业。

个人和团队将经历艰苦的技术技能、社会技能的培训以及各种实用技能的问答、挑战与测试。评审人对团队的反馈也将向观众公开。通过选拔和培训，个人和团队将在这一过程中学到很多。这是一种十分特殊、不同寻常的学习形式，在普通学校的学习中很少见到，也很少在网上以及现场节目中播出与分享。

即便到如今，也只有少数太空机构在选拔和培训航天员。虽然选拔的过程和标准是公开的，但没人会与公众一起分享其中最有趣的最后阶段，即那些满足所有选拔标准，但没有机会进行太空飞行的候选人是怎样被淘汰的。“火星一号”将全程拍摄选拔过程的最后阶段，并向公众播出，供大家观摩，甚至提出反馈，因此，这在全世界是独一无二的。

“火星一号”候选人必需具备的技能，将与飞往其他地点（如国际空间站）的项目要求的技能存在很大差异。自人类第一次进入太空以来，这些差异反映了对航天员的需求和期望值的改变。最开始符合航天员标准的那些人，大多是试飞员，他们是强大的个人英雄，能够独自应对最危险的情况。实际上，在太空飞行中，大部分驾驶过程已经自动化，不再需要特定的驾驶技能、力量或勇气。多年来，大多数候选航天员都拥有工程学、物理学和其他自然科学的博士学位，不再强制要求他们拥有飞行许可证。正如梅森·派克在第 1 章中指出的，相比高学历专业，如今的候选航天员更需要实用的技能。虽然大多数观众可能对候选人的博士学位印象深刻，但他们更希望认识和了解这些实用技能。观众更希望候选人遵循物理解决方案，来应对具体的技术挑战，而非遵循特定学科的复杂测试或甚至让人生厌的学术问题。他们能从亲眼看到的东西中学习和借鉴，并试图将这些经验应用到家庭设备或当地的职业技术学院中。他们经常会说，“这很有趣，我想亲自试试”，也许，他们从来就没有想过，没有特殊目的与工具的多年学习，也能让他们做上这样的工作！

然而，如果没有足够的心理能力和社交能力，单凭技术和技能本身，是不可能取得成功的。如果下一刻有人准备伤害团队成员，那只会修复故障设备又有什么用呢？火星移民候选人要接受严格的测试和训练，以应对社会和心理挑战。事实上，他们要成为自己的心理医生。他们要学会如何前瞻性地识别潜在的危险信号，并及时采取预防或纠正措施。选拔和培训过程将采取全面措施，培训候选人面对和解决挑战的能力。与无法有效进行沟通的专家相比，团队将会更有效地分享他们的专业知识。

这个话题在其他章节（第 4 章和第 5 章）有更详细的描述，但本章只需要理解，观众将亲眼看到来自小组内部或小组间各方面的变化和挑战。而且，除了家人、邻居、朋友、同事，你喜欢的人、讨厌的人或那些漠不关心的人，也是我们在日常生活中的一个共同话题。“火星一号”候选人面临的挑战以及他们的解决方案，不同情况下的领导艺术、解决问题的方法和处理冲突的技能，都是我们应对简单的日常生活，而必须磨练的一些社会心理工具。观众们看着候选人面对这些社会心理挑战，看着他们如何处理问题，并从中得到经验。想必，这一定能让人看得津津有味。

选拔与培训，开启大规模在线教育的新世界

生活在信息时代，我们很幸运，因为世界上的几乎任何话题都能找到大量在线的和可供下载的课程。我们不再需要被太高级或太基础的特定课程大纲束缚，也不用被进度太快或太慢的系列讲座约束。找到并跟随适合自己的在线课程，我们就可以按照自己的节奏学习，并根据需要进行复习，这真是一种快乐的享受。

这与拍摄“火星一号”训练过程有什么关系？答案很简单。火星定居者将进行为期 10 年的艰苦训练。这种训练不太可能过于学术化，要深入钻研学术课题，就像我们通常期望在大学中做的、只有少数几个学者感兴趣的课题。虽然“火星一号”对候选人的训练很明显会涉及特定任务的相关技术，但许多培训将具有实用性和普遍性。例如，假设没有合适的仪器，怎样开展修理或手工活；或者在资源有限情况下，如何找到方法解决无法预料的问题。这不仅比高级学科更容易让每个人都能掌握，而且在每个人的日常生活中也是有用的。传播这种培训过程，很可能成为许多实用领域中所谓的“慕课”（MOOC），即大规模开放式在线课程，不管是维修电路，进行基本化学研究，还是从事简单的植物学、农业或生物学工作。

虽然，我们强调了培训实践技能的重要性，但也需要并关注科学观察。我们无法确保第一批定居者在培训前都接受过专业训练和教育，并具备所有的实用、技术、工程和科学技能，更不用说心理学和社会心理学技能，但是，观察现象、记录观察结果和基本测试，这些训练是有用的，也是可能的。当达尔文开始科

学发现的首次长期旅行时，严格地说，他还不是一个科学家。但他在各个科学实验室进行过一些基本训练，包括观察、分析、收集和保存他所见到的样品。这种最基本的训练，有很大的用处。当然，我们不可能都成为达尔文，也无法把自己变成著名科学家，但第一批火星移民候选人肯定要接受必要的训练，如科学观察、样品采集和测量等。这些基本技能应该会吸引观众，以及那些很希望学习技能以丰富日常生活的人的兴趣。当他们散步时，会注意周围究竟有什么，是不是有趣。一个神奇的世界完全向我们开放，却从来没有想过它会存在。我们都可以从观察技能这些基础知识中受益，生活会变得更加丰富，我们能够体验那些甚至不知道其存在，或者没有思考过想去理解的周围世界。

当然，这些宝贵而实用的培训课程，将会令很多想要学习这些基本技能的人感兴趣。这可能也是为了培训新的火星定居者，而出现的一些慕课。专门制作慕课课程的组织、与训练主题领域相关的培训机构以及“火星一号”团队，可以发起联合倡议，创建这种慕课课程。

“火星一号”，成就全人类激动人心的梦想

收看“火星一号”任务准备阶段的节目观众，来自社会不同阶层和不同区域，既有性格形成早期的孩子，仍然梦想成为专家的年轻人，搜寻激励学生素材的教育工作者，决定是否支持人类太空探索计划的政治家，也有投票支持那些政治家上台的纳税人。

儒勒·凡尔纳（Jules Verne）[①]的著作给了许多发明家以启迪（有时给资助这些发明家的政府以启迪）。在航天飞机革命中发挥关键作用的一些知名爱好者，如苏联的康斯坦丁·齐奥尔科夫斯基（Konstantin Tsiolkovsky）、德国的赫尔曼·奥伯特（Hermann Oberth）和沃纳·冯·布劳恩（Wernher von Braun）以及美国的罗伯特·戈达德（Robert Goddard），后来都成了火箭和人类航天飞行的先驱，他们都受到了儒勒·凡尔纳很大的启发。第一颗人造地球卫星"斯普特尼克1号"、第一个进入太空的人尤里·加加林、第一个在月球表面行走的人尼尔·阿姆斯特朗，激励了许多年轻人努力学习，不仅激励了几乎整个世界，更激励政治家慷慨地投资人类太空探索事业。我想，拍摄人类移居其他星球的准备工作，将激励世界各国人民，不管是学生，还是政治家，共同来支持和投资人类对外太空的探索。来自不同国家的人们共同努力，展现了基于共同目标和梦想的和平共处，而不是投入到战争或取得战备优势。

① 儒勒·凡尔纳，19世纪法国小说家、剧作家，被誉为"科幻小说之父"。凡尔纳一生创作了大量优秀的文学作品，代表作为三部曲《格兰特船长的女儿》《海底两万里》《神秘岛》以及《地心游记》《气球上的星期五》等。——编者注

10

他们的故事，就像摩西的故事一般

我深深地爱着我的朋友和家人，我也知道他们爱我，无论我们相距多远，无论是另一个国家，还是另一个星球，这一点并不会改变。

正因为我知道他们爱我，所以我明白，他们宁愿让我远走他乡，过得快乐、活得有用，也不愿让我待在他们身边，过得伤心、不能发挥真正的潜力。正如那句话所说：“如果你爱他，就给他自由。”

无论分离对我有什么影响，我只知道，他们的爱与支持会增强我的决心。

萨拉·迪雷克托（Sara Director）

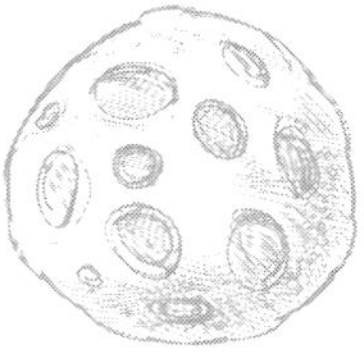

“火星一号”在进行第二轮选拔之前，每个申请人都会收到一份问卷调查，以作为候选人资格评估的一部分。“火星一号”申请人调查问卷的题目包括压力和恐惧，与来自其他文化背景的人、性格怪异的人之间如何互动，以及被选中参与任务将对他们的家庭产生什么影响。问卷调查打开了候选人心灵和思想的窗户，揭示了他们的梦想、个人的反思与恐惧。本章收集了成功进入第三轮选拔的100位申请人的部分回答。

通过这些回答，我们希望能够一窥这些勇敢者的生活，他们甘愿放弃地球上的一切，踏上前往火星的单程冒险之旅。他们的故事，就像犹太人的祖先摩西的故事一般，既令人心碎，又扣人心弦。家人和朋友、文化和自我接纳，是他们应对困难和挑战时的力量源泉，也是他们积极面对未来的力量。

根据候选人的回答，我们从统计学角度分析了他们的其他信息，比如性别、年龄、国籍和职业。正如你所看到的，这100位入围者反映的是一大群人——他们比你想象的更像你。

永远离开家人与朋友，余生还有意义吗

离开我的家人和朋友，这是任务中最艰难的一面。我不知道它会如何影响我；我无法想象，也无法切实感受。对任何声称相信自己能预测自己反应的人，我都持怀疑态度。我认为的最佳答案是，这将是一次巨大的牺牲。但是，当奖品是整个世界时，我们需要这种巨大的牺牲。

我仍然能与家人交流，即使我们永远也无法再进行实时通话。我们收发的电子邮件和视频，会像几个世纪前那些跨越大西洋的罕见信件一样。尽管家庭成员对再见到对方已经不寄希望，但仍然可以相互接收和分享彼此的信息，让双方放心。所以，我想我不会认为自己“走了”，而是以不同的方式存在。

这个问题指出了“火星一号”中最有趣的悖论之一：第一批移民非常关注人类的未来，却愿意离开大多数人，在火星上度过余生。他们被要求具有高超的社交能力，但之后数年却愿意只与极少数人互动交流。我相信，这些要求明显是矛盾的，如何确定最适合的人格类型，将是“火星一号”面临的主要挑战之一。

——“火星一号”申请人

当我们前往火星时，我与亲爱的妻子已经结婚 35 年。她一直是我的挚爱，是我成年后的生活中心。到 2022 年，我的孩子们都已经 20 多岁，他们的生命刚刚进入旺盛期，也许正打算结婚生子。离开他们会有多难，这一点我只能想象。

19 世纪，数百万人从爱尔兰移民美国。虽然这些人可能会

收到来自旧世界的少数信件，但几乎可以肯定，他们有生之年再也见不到亲朋好友。大约在那时，他们开始举行被称为“美利坚守夜”（American Wake）的庆祝活动：他们举行最后一次聚会，那些即将离开的人和留在家乡的人可以共饮最后一杯酒，一起跳最后一支舞，做最后的告别。我认为，我和我爱的人之间只需要举行一次“火星守夜”。之后，通过电子邮件、延时视频电话与家人和朋友交流，我们就能充分保证坚贞的爱。

我一直觉得，我在感情上比大多数人更不敏感，尤其是愤怒和悲伤。以前，我从来没有机会或想法来进行测试，但我希望，我这种奇怪的特点或许能帮我处理好与妻儿的分离。

——丹尼尔·凯里（Daniel Carey）

朋友有新有旧，来来往往，但无论我在哪里，家却一直不变。我有几个珍贵的朋友，我把他们当作家人，不论我去哪儿，他们都与我同在。

这样的分离对我有什么影响，我真的说不出来，因为我从来没去过火星。这肯定不是一件易事，但这却是我的梦想。我知道，我的朋友和家人会理解这一点。我还能和他们一起度过美好的 10 年时间，而与一些人共度的时间可能更短。我觉得自己很幸运，因为这些美好的人一直在我心里。

——“火星一号”申请人

我的工作让我学会了在绝大部分时间里独自一个人生活，我很少与家人在一起。说实话，我会想念他们，但我已经习惯了与他们长期分离的生活。但是，他们会留在我的记忆中，因为我知道自己能胜任这份工作。

——“火星一号”申请人

执行这样的任务对我的家人来说很难；比起我自己，我更关心他们将如何应对。我爱我的家人，他们一直支持我去做生活中需要努力完成的任务。我知道，他们会支持我去火星。在去往火星前，我会确保我的家人能得到很好的照顾，并感谢朋友们多年来给我的所有帮助。

我必须参与这个任务，我要为我的家人、朋友和整个人类而努力。我希望在他们为我付出之后，回报一些东西给他们，这是真正的朋友为彼此做的。

毫无疑问，最初几年会很难，但我不孤单，我身边是最优秀的人。外面可能沙尘暴肆虐，但最优秀的人可以经受任何风暴，因为他们彼此依靠。他们将成为新世界的第一个家庭。

——“火星一号”申请人

我肯定会想念我的家人和朋友。任何心智健全的人，都渴望重建由于不幸或距离而割断的人际联系。然而，如果火星上没有这种选择，我会把心思放在过去几年我学到的东西上。自从我离

家去上大学后，差不多每年回到家，我都要拜访亲戚朋友。上学时的经济状况决定了我不能经常回家看望他们，因而，每当我想去看他们时，我就停下来反思。我提醒自己，我在哪里、我的周围有谁。然后我就发现，无论在哪里我都有自己的家。与我相处几年的室友，就像我的家人一样。与他们的融洽相处，使我相信，他们会帮我坚持下去，并且我知道他们明白，我会为他们做同样的事情。

假如我在火星上，突然不可抑制地想念地球上的亲朋。再也看不到他们让我感到很痛苦。然而，如果我提醒自己，我曾用 3 年时间与室友建立了家人般的关系，那么我也可以与一起训练 8 年并共同生活的他们相互支持。这么想来，也还不错。

——“火星一号”申请人

我知道，在火星上生活一段时间后，离开朋友和家人可能对我产生影响。但我已经思考过这次旅行的所有影响，并对这次史诗般的大冒险做好了充分的精神准备。我一直非常独立，常常独自一个人到其他城市冒险。尽管长期远离朋友和家人，但我总能对各种情况应对自如。

我相信，我的适应能力和积极乐观的性格，对我应对火星生活可能面临的困难很有帮助。我在火星上的生活并不孤独。会有三个同伴与我住在一起，他们最终会成为我的家人。在经过多年培训后，我将与三位移民建立新的关系，我们四人将建立一个强大的家庭纽带，共同克服任何障碍。

——迪维什·戈温德（Divashen Govender）

与家人分开将是参与火星项目的最大的挑战之一。我与家人虽然偶尔才联系，但很喜欢亲自去探望对方叙叙旧、聊聊天。我与朋友们相处得很好，经常与他们联系，偶尔也会去探访他们。我也会与我亲近的人联系，而且需要一两个非常亲密的精神上的朋友，分享我最私密的想法和感受。为了应对火星任务，我需要与地球上的朋友和家人保持有规律的联系，但如果是必需的亲密关系，我想我会与未来的队友非常亲近。就像家人一样，他们将是我可以信任的人，能与他们分享秘密，并与他们进行柏拉图式的身体接触（我是说拥抱、手牵手等，我很喜欢这些）。与地球上的朋友和家人沟通，将成为我在飞船上和火星上日常生活的重要组成部分，但我能轻松实现这些。我长期在偏远的地方生活，所以我很习惯通过互联网与朋友交流。我也有几个没见过面的网友，通过互联网和人建立单纯的关系，对我来说不是新鲜事。我的家人也已经在尝试不在一起时保持联系的更好方式，我们都是社交媒体的热心用户，这对我真的很有帮助！

——“火星一号”申请人

假设家人是我生命中最重要的东西之一，我幸运或不幸地知悉世事多变幻，我们迟早都要分离。比如不是去火星，而是搬到

澳大利亚或美国。因此，在我听说“火星一号”项目之前，我就已经决定离开家人和朋友。这没有什么可说的；我爱我的家人和朋友，他们了解我，所以，我认为他们会理解我的决定。他们知道，从我第一次听到“星星”这个词的时候，太空旅行和移民到新的星球就是我最渴望的梦想。我会想念他们，当然，他们也会想念我，但这是我所做的一种牺牲，他们将我养大，他们从不反对我实现梦想。

——“火星一号”申请人

向家人与朋友说再见非常困难，我会非常怀念他们。然而，无论我们多么爱他们，生活中的相聚和分离是人类生活的主题。距离，甚至地球和火星之间的距离，不会使这份爱减少，所以，这看起来是这场终生大冒险的小小代价。

话虽这么说，但如果被选中，我相信我会和一些真正优秀的人成为队友，可能有一天我会视他们为我的朋友和家人。谁知道呢？我选择保持乐观，不去想参与这场大冒险的代价。

——“火星一号”申请人

我的家人和朋友对今天的我产生了巨大的影响。我的父母向我灌输对学习、成功和探索的渴望，去寻找我想要的东西并追求它。我的朋友教我如何在陌生的新环境下生活，如何成为他人眼中更好的人以及如何玩得开心。

我从他们那里学到的知识，能帮助我解决困难。这些已经为我的明天做好了准备，即使世事艰难，也能赋予我前进的力量。

那么，离开他们会很难吗？不，我认为不会。

我已经远离家人和朋友很长时间了，很少联系或者根本不联系。与之前相比，某种程度上，去火星会给漂泊在外的我更多与他们保持联系的机会。我仍然是他们生活的一部分，他们也是我生活的一部分。

我知道，他们不希望我错过这个机会。

当我告诉父母，我正在申请去火星时，他们沉默良久，然后对我说了一句令我难忘的话。他们说："你一直都让我们很惊讶。"我会牢记这句话以及家人和朋友给予我的一切，无论离他们有多远，我都能用这些知识在新世界开辟新生活。我永远不会离开他们。我会与他们形影相随，贴心相伴。

——"火星一号"申请人

高中毕业后，我就离开了家人，去另一个大陆继续学业。学有所成后，我决定永久定居在这片大陆，并努力适应这个我现在称之为家的新国度。我个性独立。我没有组建自己的家庭，父母仍然生活在罗马尼亚，自我第一次来到加拿大，我们一直分居在大西洋两岸，每年只见一次面。这种情况让我懂得，要取得生活中的成就，需要作出牺牲。友谊很重要，所有认识我的朋友都知道，借此机会去火星正合我的性格。在我来看，我想成为在不同

行星上建立人类基地的团队一员。我认为，这将是我生命中最大的成就，并且，我想成为人类历史与未来的一部分。

——“火星一号”申请人

如果我说这不是我在任务中将要面对的最艰难的问题，那我就是在说谎。我和家人非常亲近，选择不陪伴他们，对我而言并非易事。然而，多年来，家人用无尽的爱给了我自力更生的力量。我会适应火星环境。收到家人的视频消息，将成为我生活的新常态。

——“火星一号”申请人

当我和亲友们分享我申请火星移民任务的打算时，得到了差别极大的反馈。一些人认为这太疯狂、太自私，还有人称之为自杀式任务。有人想知道，为什么我会为了这项任务放弃我的生活。而那些最了解我的人，他们的反应常常是悲伤与理解交织。

当我告诉我女儿这项任务时，她的第一反应是“太酷了！”当我解释说有个潜在的困难——这是一次单程旅行时，她看起来既困惑又失望。“哦，”她沉默了一会儿，过了一会儿，她抬起眼睛看着我，一声惊呼，“但你会得到一场奇妙的冒险！”那时，我意识到我的小女儿终于长大了，她真的理解我。

无论我多么爱我的家人和朋友，特别是我的女儿和未来的外孙，并会深切想念所有人，但是我愿意接受并拥抱探索火星的感觉。我会珍惜离开地球前能与他们相处的那 10 年，抱抱外孙，说说想说的话，看看他们的笑容、听听他们的笑声。当我开始人生下一个阶段的旅程时，我会将这些记忆铭记于心。

——“火星一号”申请人

让人恐惧的，从来不只是生死

恐惧与害怕不仅仅是对令人震惊的大事的反应，例如对生命的恐惧，它是我们与生俱来的一部分，是大脑传达我们是否在意的一种方式！

我当然会害怕。每当我必须公开讲话时，都会感到害怕。如果出错怎么办？但我觉得在这种情况下，最重要的是承认你害怕，而不是让它影响你的行为。如果我有一场重要的考试，以一种平静、合乎逻辑的方法放松很重要，不要让恐惧影响最终的结果。我会深吸一口气，记住所做的一切准备，提醒自己，我已经准备充分，没必要恐惧，然后让自己放松下来。

重要的是要保持理智，认识到害怕很正常，但不要让害怕产生消极影响。可以通过最简单的内在交流来克服恐惧。我会仔细查找产生恐惧的因素，然后制定理性的行动方案，以减少对外在行动的影响。

——“火星一号”申请人

大约两年前，我的祖父，一个非常活跃的人，突然中风，差

点儿去世。有的人前一分钟还好好的，下一分钟就死了，这种想法给了我不小的打击，吓坏了我。我开始思考我的生活，并问自己："如果我现在死了，我的一生有什么成就？别人怎样才能记得我？"

这些问题的答案，就像问题本身一样让我害怕。因为答案是"什么都没有"。我没什么值得被记住的事。当然，他们会说，我很聪明，是个好儿子、好兄弟。但他们对所有的人都这样评价。这一刻，我决定这样生活，把握机会去申请参加最疯狂、最惊人、能改变世界的冒险——"火星一号"。我意识到，我只是按自己的方式生活，因为最终我去了 35 000 多公里外的地方，做我一直想做的事情，我再也找不出比这更好的理由了。

——"火星一号"申请人

一天晚上，我的部队驻扎在一片林地，林地到公路的距离有两公里远，中间是没过脚背的厚厚淤泥。一小时后，部队的一名士兵告诉我（我是高级士官），乔治生病了。我找了到乔治，马上帮助他。当时的气温接近冰点，他却裹着湿衣服。他体温过低，不能说话，动弹不得。医生赶到后，我们六个人穿过淤泥，用防水布把乔治抬到了救护车上。

我只记得，我生怕绊倒，也怕由于单手抬着防水布太累而让乔治掉下来。任何一种情况，乔治都会死去。抬到救护车去的 10 分钟，是我生命中最可怕的 10 分钟，我害怕由于我的错误或虚弱让我的朋友送了命。

我们把乔治送到救护车上，他病情稳定下来。那天晚上，我还救了另外两个人，他们工作了几个小时，没换湿衣服，由于体温过低而休克。这是我人生中的一个转折点。我明白，真正让我害怕的，是在危机时刻产生让别人失望的想法。

——“火星一号”申请人

几年前发生的波士顿爆炸，离我住的地方只有几公里远。我在波士顿上学，经常去那里，所以我很熟悉那个地方。我想起那些受到影响的人——那些失去亲人的家庭，那些在重伤后活下来的人，那些经历了爆炸、伤害和恐惧的人。我想到了让孩子离开家，离开我的视线有多么可怕。虽然我们现在明知过着存在危险、身边不乏坏人的生活，但如果由于害怕一些潜在的未知威胁，而限制他们的活动，这似乎更糟糕。

——“火星一号”申请人

我本应钻进我家地下的槽隙，清理一下堵塞管道的陈年垃圾。然而，顺着仅容一人通过的阴暗肮脏的洞往下看，我可以清楚地看到数不清的密密麻麻的蜘蛛网，而我马上就要接近并与它们亲密接触了。我可以想象，这些“居民”会落到我的衣服上，在我的发丝间结网，伺机而动，等我爬过它们的巢穴时咬我一口。

作为一个乐观派，我总是试图在黑暗中看到每一线希望。然而，当蜘蛛把我当成交通工具，随我一起前进时，不管我怎么努力，都看不到一丝希望。被蜘蛛咬一口，则并非我想要面对的。

这是我第一次感到恐惧。我很少会感到恐惧。

但将此视为“恐惧”，只会使我更加下定决心取得成功。如果我无法阻止害怕，那就必须一步步解决它——先一只脚进洞，然后是另一只，直到到达房子下面，够得着垃圾。我专注于手头的工作。

这件事教会了我，虽然做好准备能帮助我们面对害怕的事情，但有时，这些准备只是开始而已。为了完成任务，我们必须留意威胁和假象，即使令我们害怕，也要去做我们必须做的事。

——“火星一号”申请人

高中时，在我家搬到一个新城镇之前，我一直被三伙受人欢迎的不同女孩欺负。有些人会传播谣言，让我不受欢迎，也有几个女孩会威胁说要做更糟糕的事。她们撕坏我的课本，朝我脸上吐口水，还发短信威胁我。我每天都害怕上学，但不敢向父母抱怨。所幸我转学的第二所高中完全不同,我不再受到这样的对待。被欺负和恐吓的影响是，我不惜一切代价躲避流言蜚语，并总试图与那些人对着干。如果有人被冷落或很孤单，我会积极尝试与他们交流，并真诚与大家相处。

——“火星一号”申请人

---

14 岁时，我看着母亲身患癌症慢慢死去。她的去世吓坏了我。

这让我茫然不知所措，直到我意识到，我不得不照顾年迈的父亲。我厘清了努力的方向，成了家中的顶梁柱，为了未来努力工作，尽可能减轻父亲的负担。总之，这一切使我变得更强大。

——“火星一号”申请人

在我大约 15 岁时，我和朋友骑着一辆自行车，被 6 个人团团围住，挡住去路。那是一条小路，左边是森林，右边是陡峭的悬崖，悬崖下面是湖泊。他们中的一些人凶狠好斗，而我的朋友躲在我身后，一声不吭。所以我不得不保护朋友。我试图与那些恶狠狠的人沟通。但他们不想说话，反而一瓶子砸向我的右侧太阳穴。我被打昏在地，随后醒了过来。

他们中有四人逃跑了，其余两个人被吓到了，想要道歉。我冲他们大喊，因没有人来帮我们而感到恼怒。他们其实只是想伤害个什么人，而我们正好出现在那里。我这下才明白，我们只是遭受了无妄之灾。

——罗伯特·肖德（Robert P. Schöder）

抵达印度的那天，那个应该来接我的人没有人来机场接我。因此，我激活了手机的全球服务，拨通了她的电话。有人接了电话，却什么都没说。我隐约听到了哭声。

我一遍又一遍地说“你好”，但没人回答，于是我就挂了电话。我打印了所有来往信件，仔细查找到另一个电话号码。这让我联系上了能来接我的穆克什。穆克什到了之后告诉我，应该接我的女人在那天早上，就在我飞机降落前几个小时死了。

虽然这样的情况令人害怕，但离死亡如此之近更让我害怕。但这让我明白，任何事情都可能发生，并彻底改变意料之中的事。这次经历教会了我，当遇到出乎意料的困难或不幸时，应该随机应变、采取行动，而不只是犹豫不决。

——“火星一号”申请人

我停止攀岩活动后，就在城里报了一个攀岩健身。健身房有滑轮组，可以固定安全带，攀岩者可以在无人帮助的情况下爬上攀岩墙，再滑下来。一天，我爬上攀岩墙，站在墙的高处时，我突然意识到我身上没有安全带，我忘了固定安全带！我很害怕，我深吸一口气，开始向下。下墙往往更难，所以这次特殊的攀登很艰难，差不多用了两个小时，我已经很累了。我安全地爬了下来，但这件事始终铭记在心。如今我做事前总是会反复检查，看看所有设备是否已经就位。

——“火星一号”申请人

到了美国后，我修读了计算机科学的理科硕士，这对我来说是全新的知识，因为我的本科学位是电子学学士。第一学期，我有一门核心课程得了 C，这可能让我拿不到助研奖学金。我没有任何其他经济收入，如若没有助研奖学金，我的生活就会有困难。

我很害怕没有完成学业就回到印度，因为这是我不顾家人反对作出的最叛逆的决定。虽然这份恐惧从未对我的行为造成任何明显的或根本的改变，但我付出了很多努力来克服这种恐惧。我重修了那门课，在实验室打个盹儿，通宵学习，然后早上回来。我利用所有可用的在线教育项目和视频来学习这门课程。我减少了课外活动，并越来越多地进行冥想，使我能够专注于这一科目。最后，我以最高分通过了这门课程。

——“火星一号”申请人

我与大学朋友团聚的时候，清晨时分，我们四个人在瀑布下的游泳池游泳。当时，有一个人喝得酩酊大醉，决定要爬上去。我们觉得，他最多能爬到第一块凸起的岩石那里，但他很快就爬出了我们的视觉和听觉范围（由于瀑布的噪声）。那光滑而危险的石块吓坏了我（而且在前一天，我就因害怕而没有爬上去），但我最担心的是我的朋友。因此，尽管我很害怕，我还是小心翼翼地爬上了第一块岩石，然后看到了他。我能从那个有利位置向他大喊，并设法喊他下来，劝他不要再试图爬到瀑布顶端。直到他安全了，我才意识到自己有多害怕，我不得不自己爬下去。幸亏我认真选了一条不同的路下去，才安全回到原地，毫发无伤。

——“火星一号”申请人

一年前，我散步时在一个军事管制区迷路了。我只带了饮用

水，不知道该去哪里。三天后，我找到了出路。对于我来说，结果总是一样的，那就是继续前进。起来，继续走，不要放弃。

——“火星一号”申请人

大约 15 岁时，虽然我还只是一个新手，就已经很喜欢去附近的游泳池游泳。有一天，正好我独自一人，于是我决定测试一下我那三脚猫的游泳技术。

我冒险往水深处游，突然失去控制。在失去意识前，我只记得我溺水了。我被碰巧路过的救生员救了起来。一周后，我又回到了泳池继续游泳。现在，我成了一个真正的游泳好手，因为我没有让那件事阻碍我学习游泳的步伐。

——“火星一号”申请人

最近我接受 BBC 的采访邀请，谈了对“火星一号”任务的看法。我从未接受过任何新闻采访，所以我很害怕。要是我表现不好，人们嘲笑我怎么办？

这次采访很重要，不仅有助于推动“火星一号”任务，也能让我自己得到成长。如果事情很重要，我从不会退缩，所以我接受了采访。即使现在，“火星一号”仍然在激励我冲破各种阻碍。我希望能获得更多突破。

——“火星一号”申请人

当军用坦克路过房屋附近时，巨大的坦克声和即将发生的军事行动，让我很害怕。

我首先担心的是孩子和他们的未来。我联系了国外生活的朋友，想要找到一旦危险发生就能和孩子一起逃离这个国家的方法。此外，我和前夫还资助了一群试图修建路障的示威者。他们躺在大街上过夜，我们给他们送去了食物和御寒的衣服。

——"火星一号"申请人

有一次，我冒险选择了一条人迹罕至的道路，之后我发现，自己没有工作、身无分文，那个冬天我在加拿大无家可归。我需要一个住的地方，所以参加了救世军[①]。最让我害怕的是夜里。所有人都睡在一个只有单人床的宿舍里，行李通常装在塑料袋里，放在床下。白天，我遇到的人往往很粗野、很危险——连白天你都不想遇见他们，更不用说晚上在黑暗的角落里遇到了。当他们在房间里睡觉时，甚至连最冷酷无情的暴徒也会做噩梦。以前我常常戴着耳机睡觉，因为我害怕他们晚上发出的鼾声和说的梦话（我是夜猫子，常常在夜里别人睡觉时醒来）。我很害怕。但是当耳机电池没电后，我别无选择，只能听着他们的鼾声和梦话。那时，我就会听到一些人在哭泣。这些平时连看他们的眼光不对都要杀了你的家伙，现在却在睡梦中哭泣。现在，即使我换了新电池，

① 救世军（The Salvation Army），国际宗教及慈善公益组织，以街头布道，进行慈善活动和社会服务著称。全世界有几千个分部，分布在 70 多个国家，据称有 200 万会员，其中以美国居多。——译者注

晚上在屋里时也不用再戴着耳机了。这不仅是我面对恐惧的一种方式，也让我对他们更加敏感，并且从那以后，我更加尊重他们。他们从不知道我从他们的梦话中听到了什么，也永远不会知道他们给我带来了什么影响。然而，这一切让我成为更好的人。

——“火星一号”申请人

我在飞行时遇到了很强的侧风。我记得，有一次由于翼尖故障而突然失去升力，我马上意识到糟了，要采取适当的行动，尽全力抵抗阵风。

——“火星一号”申请人

我在山上的一条荒野小径上独自徒步旅行时，突然感到腿抽筋得厉害。我极度缺水，抽筋是由于脱水和电解质失衡导致的。但我知道，我必须得再向上爬两三公里才能到山泉处。我忍着从未有过的腿疼，继续前进。在一处休息站，我背靠崖壁，滑倒在地。我发现，我根本无法移动我的腿，它们好像瘫痪了一样。

没有行动能力，附近又没有人能帮忙，我从未遇到过这种情况。我开始害怕可能会发生些什么。我别无选择，只好躺在那里，考虑到太阳马上就要下山，所以未来几个小时内可能不会有另一个徒步旅行者经过。我要喝水，但要通过陡峭曲折的山路，向上爬两公里才能找到水。我想要站起身来，但实在没有力气了，只能来回摇我的包。我觉得自己就像一只四脚朝天、茫然无助的小乌龟，挥舞着胳膊，我开始笑起来。笑声和休息给了我清醒的头脑和足够的体力坐起来以按摩我的腿。最后，我痛苦地抵达了黑暗中的泉水，取下水壶装满了水。在痛苦的时候，我的幽默感使我正确看待问题，一旦我的心放松下来，就能找到解决方案，或者至少能让我充满希望。

——“火星一号”申请人

压力倍增时，就去寻找内心的力量吧！

16 岁那年，趁我和妹妹、母亲外出看电影时，继父离家出走了。我们回到家，发现家里空荡荡的，什么都没了，连电话线都没了。我感到整个世界都崩塌了。这种孤独令人震撼，而且备感压力。就在一年前，我奶奶去世了，父亲则跑去新西兰。你无法改变过去，但你可以保住你所拥有的，保护你所关心的人，并解决你所遇到的问题。

为了妹妹，我不得不保持强大。我一边努力应付所有变故，一边努力准备决定我未来的考试。处理压力环境的诀窍就是接受现实，辨别导致压力的因素，适应压力，或从根本上消除压力。

后来的日子很艰难，但我撑起了整个家。同样，我也知道，我可以依靠她们。作为一个整体，我们要共同解决面对的压力。

最后，尽管历经千难万险，我还是成功了。我是一个最低收入的单亲家庭的儿子，在发达国家却过着贫穷的生活，但我努力考入世界顶尖大学，研究我感兴趣的课题。我发现，应对困难的真正关键是自信：相信自己可以克服任何障碍。

——“火星一号”申请人

我住在被龙卷风吹坏了屋顶的房子里。暴风雪持续数天，我在高速公路上撞了车，被困在离家几百公里远的地方。我熬过了大学最后一学期，完成了生物相似性调查的研究项目，同时计划进行一次横穿全国的公路旅行。

我轻易不会慌乱：灾难、繁重的工作、面对数千人演讲，都不会让我惊慌失措。但是，为了高中演出而在一群人面前试镜，令我感到慌张。我会几个晚上都因此而焦躁不安，怕让家人、朋友还有我自己失望。我努力练习，我一直在准备，直到自己已经把台词背得滚瓜烂熟，甚至能在朋友面前公开背诵。

当我站在舞台上试镜时，双手冰凉、浑身颤抖，但我没有打退堂鼓，尽管心跳很快，但我尽己所能完成了演唱。事实证明，这一切都值得。

在每场能上台的戏中扮演角色，都是让自己变得更好的机会。挤时间做这些事情，虽然会面临很大的压力，不过没关系，困难都是有价值的。它教会我如何练习、如何坚持，以及无论遇到什么困难，怎样才能坚持追求梦想。

如果没有这些经历，我今天不会来申请这一项目。

——“火星一号”申请人

我曾被调去指挥科威特和伊拉克边境的16名飞行员与高级士兵。我们共有三项任务，怎样面对压力取决于我能掌控的事情。为应对长时间的工作以及在沙漠工作的未知危险，我经常锻炼和反思。我锻炼、反思、睡觉，然后压力就没了。

——“火星一号”申请人

那件事发生在15年前我第一次朝圣时。那次旅行中发生了很多事情。身体疲劳、食物匮乏以及旅行团成员间的一些个人感情问题同时出现，使我处于重度抑郁状态，几乎想要自杀。

这种经历，教会我很多关于自身、人类以及世界的道理，完全改变了我在生活中对很多问题的看法。我明白了自己的极限在哪里，如何避免；我学会了耐心、爱和珍惜友情；我懂得了如何控制自己的情绪，并认识到每个人需要区别不同的行为，以及这些行为对我爱的人是好还是坏；我还学会了自尊和自信。这种经历告诉我其他人的感受，他们是怎样心灵受伤或治愈的，怎样不受坏心情的影响（如果遇到坏心情的话），更快乐地生活。

总之，这次经历最终改变了我看待生活的方式。几个月后，我几乎改变了所有的生活哲学。实际上，我认为它们相当可靠，因为我已经试过几次，这些生活哲学从未令我失望。

——“火星一号”申请人

我经历过几次改变命运的事，给我的生活带来了很大压力。

比较突出的一次紧张经历，是在我的继父病危时。检查报告相互矛盾，医生不能准确告诉我们继父得了什么病。经过近一年的检查，看了很多医生，无数次出入医院，但我们还是看着他死于肺癌，无能为力。

我继父山姆是一个自信的海军潜水员，坚强，充满活力，喜欢恶作剧，脸上挂着富有感染力的笑容。眼睁睁地看着他日渐衰弱、忍受痛苦，我们却什么都做不了，真的很难。

照料身患重病的亲人，不知道他得了什么病，什么也做不了，这给我们的家庭带来了巨大的压力。让继父保持强健的体魄，鼓励我妈妈渡过这段困难时期，努力满足山姆家人的愿望（帮他培养一名青少年），同时兼顾我的工作和学习，这一切如重山般压在我身上。

有时，我感到压力太大，难以承受，但我知道我必须坚持，必须坚强，相信我们会一起渡过难关。想想好的方面，想想那些美好的时刻，会让我更从容。山姆离开时很平静。我学会了寻找内心的力量，让自己平静下来。

——“火星一号”申请人

我在担任大学的宿舍助理时，曾经不得不与挟持人质的劫匪进行谈判。尽管我努力寻求外面的帮助，但我只能与劫匪（持有武器，很危险）和人质一起相处。这使我不仅要听劫匪的，还要听我自己的。我必须相信直觉，还要敏感地了解人质的需要，保证人质的安全。经过一个小时的谈判，我能不伤害任何人，解决危急情况，而这只能通过应对挑战，做与预期相反的事，听从自己的内心才能实现。我唯一能告诉自己的，就是尽我所能，剩下的就听天由命。我必须明白，人们可能会受到严重或致命的伤害。我不得不接受我要面对的局限性，做当时我能做的事情。为了周围的人，我必须保持冷静。

——“火星一号”申请人

大学时，我到一个北非国家旅行。在街上，我常会被当地男人性骚扰。

我感到很紧张，不再上街。然而，我猛然想起，我是来看看这个国家的，是来享受生活的。于是，我去当地一家商店买了一条围巾，裹住头，穿上当地的传统服饰。第二天，我穿着这身新衣服去了街上，这一次，我没有被当地男人骚扰。我可以自由地在当地市场和任何地方游玩，但新的问题又来了：有人居然用 200 头骆驼向我求婚。

——“火星一号”申请人

回想我面对过的压力最大的事时，我想起在强烈阵风条件下的一次飞行课程。上课时，我在基础演习中遇到困难，教练对我很不满。阵风对我驾驶的单引擎飞机造成了意外的强烈气流，而我没有准备好，教练冲我大吼。我压力备增，太阳穴跳个不停，我开始读错高度和航向。我明白，在这种情况下失去理智有多危险。我请教练不要说话，然后立即降落飞机。我用几秒钟时间厘清思绪，然后深吸一口气，驾驶飞机驶向机场着陆。就在联系控制塔台前，我打开检查表，翻到了之前记录的备份通信命令。按照笔记顺序，我成功地联系上了塔台，增强了自信，并使自己恢复到控制飞机的状态。随着我的信心增强，尽管狂风肆虐，但我在最后关头成功着陆。着陆后，我与教练商榷了他对待我在空中的方式。他向我道歉，并称赞我在规定时间前降落。

——"火星一号"申请人

我 5 岁时，父母提出了离婚。在父母分离的环境下成长，我面对着更大的压力。我变得更加沉默寡言，有时还怀疑这是不是我的责任。随着时间的推移，通过关注生活中我拥有的东西，而不是我没有的东西，我克服了这一问题。这让我成了一个积极的人，总是看到更光明的一面。我变得更积极，这使我信心大增，除了安慰父母，变得积极后，也让我明白这事不怪我，离婚是他们之间因为个人原因而达成的双方协议。父母的离婚也培养了我的独立性，我为此感到自豪。现在，我是一个非常乐观的人，对自己做的事情满怀信心。每当我感到悲伤或沮丧时，很快就能找到生活中的积极方面，恢复热情。因此，我相信你可以实现你的目标，无论目标是什么，只要你已经尽己所能，永不言弃。

——迪维什 · 戈温德

去年可能是我生命中压力最大的一段日子：我意外地从热爱

的岗位上被解雇，失业了很长一段时间。压力确实对我造成了影响，但我解决了问题。

这种情况下，最令人沮丧的是，我感到掌控不了自己的命运。不管未来的老板是否想用我，我却受到了他们的摆布。我的解决方案是，关注自己可以控制的事情：准备简历，管理我的职业网络和联系人，练习面试，以及所有重在提升自己而非外部环境的事情。这很有效。我一直努力将自己从压力中转移出来，这样做实际上有助于解决问题。我得到了一份真正喜爱的好工作，并且我觉得，一路走来，我好像已经获得了一些宝贵的自信。

——萨拉·迪雷克托

遇见不同的人生，其实这很棒！

我第一次去其他国家旅游的确是一次有趣的经历。虽然对大多数人来说，这样的经历会发生在他们年轻时，也可能和家人一起度假时，而我是16岁时独自前往的。我作为被选中的三个人之一，代表国家参加在挪威举办的欧洲太空训练营，这是我第一次真正体会世界上存在的各种不同文化。但真正震撼我的是，这些从完全不同的成长过程中培养起来的人们是多么相似。我们分享共同的兴趣、共同的梦想和共同的幽默！我不得不怀疑：在这个全球化的世界里，我们真的和其他人有什么不一样吗？

是的，文化可能不同，但作为个体的现代人，总存在一些关联。过去，当两国冲突时总是试图将对方妖魔化，但实际上他们深知，这很难伤害对方，因为两国人民很相似。来自不同国家的两个人一起待在一个小房间里，彼此不知道对方的背景，却仍然可以一起相处、一起工作。因为他们具有人的共性。当你真正观察的时候，不存在像文化一样不同的东西，只有人，只有人类。这是我学到的东西。

——“火星一号”申请人

大学的某个学期，我到苏格兰的一所大学交换学习。到了之后，我的整个世界都变了。房子、美食、口音、汽车靠左行驶，整个社会的生活都不同，甚至连语言都和我通常的词汇不同。当我知道他们所说的“裤子”（pants）实际上指“内裤”（underwear）时，我只想放声大笑。我发现，自己很难适应炸鱼和马铃薯这种饱和脂肪含量高的饮食，不是我不喜欢土豆，而是我的胃受不了。但我面临的最大挑战，是适应欧洲的社会生活。我不仅和苏格兰学生交朋友，也和来自欧洲其他地区的学生做朋友。一般而言，无论是一周中的哪一天，他们总是在酒吧进行深夜社交聚会。而我要首先完成作业和学校工作，只有在所有任务完成后才会过周末。相比之下，他们整周进行派对狂欢，然后留出恰好的时间去完成作业。除了期末考试，其他场合不涉及成绩问题，甚至让我觉得大学似乎在倡导“先派对，后工作”。作为一个很少参加派对的人来说，我还是努力适应了新环境。虽然在美国时，我回归到了“正常”的自我，但我不得不承认，与在苏格兰遇到的那些朋友的相处时光，是一段很棒的人生经历。

——“火星一号”申请人

2009年，我和两个朋友一起去日本。我们一直想去，而且很迷恋日本文化，所以，我们带着了解日本文化和思维方式的想法到了日本。然而，我们面临的最大挑战是沟通。除非必要情况，日本人很少说英语，而我们掌握的日语非常基础。虽然日本很欢迎日语不是母语的人，比如，菜单普遍用图片来展示，但在必要时，很多沟通都必须用手势来表示。

日本与英国有一些通用手势是不同的，表达的是另一种意义，但我们一定要仔细留意并看出其中的幽默意思，这往往让我们愿意与那些乐意与你对话的人进行交流，而不管是不是能完全彼此理解。然而，我们最大的优势是一起合作。我们中的一个人对文化和语言有深入的了解；另一个人了解大量实用常识和基本经验；而我善于向陌生人请教，还能快速理解事物的运作方式，例如，选择交通系统以及怎样在某些类型的餐馆订餐。最后，我们在那里交了一些朋友，他们带我们去常规旅游景点之外的地方，所以我们得以更好地了解日本人的日常生活。

——“火星一号”申请人

尽管我曾经在发达国家住过半个月，但我经历的最大的文化冲击，是在我进入大学之后。我在东南亚一个小省会城市长大，但我的父母决定送我去大城市读大学，他们选择了一所天主教女子学校。第一天，文化冲击就让我不知所措。一些学生的长相和行为非常男性化，我从未想到女生会这么热情。女同性恋是真实存在的。大多数女生都有男朋友，接吻也很正常，有过性行为，但不乱搞男女关系。高跟鞋和化妆品是日常必需品。而笔记本电

脑也不再只是为企业高管准备。

我在保守的环境中长大，所有这一切都与我之前的经历以及被灌输的想法、生活方式、道德规范和原则相违背。比如，城市居民常常会看不起带农村口音的人，总把他们看作蓝领工人。尽管存在巨大的差异和轻微的歧视，但我从来都不是孤军奋战。进入新环境最大的收获是，你发现了新事物，并对整个世界更加了解。一开始很困难，因为年龄小，要努力适应，但只要你与另一文化中的人相处时，能够心怀宽容与理解，而不是排斥与反对，自然就会交到朋友。

——“火星一号”申请人

我发现，人际交往中最大的挑战是人们的相处方式差别很大。我过去与人交流有很多方式，现在根本不适用了，所以，我不得不调整自己的社会行为习惯。

那时要转变我的观念似乎有点难，但如今，这些经历确实丰富了我与人交流的方式。

——萨拉·迪雷克托

在一个西班牙家庭，我和朋友搭伴，与一对年纪稍大的夫妇住在一个公寓楼里。抵达之后，我们被带到房间里，很显然，我们之间存在相当明显的语言障碍。这对夫妇不会讲英语，而我当时的西班牙语水平很有限。所以，我们用微笑、肢体语言和说得最熟练的当地话，感谢他们，然后安顿下来。

在我们寄宿期间，这对夫妇非常热情，承担了父母的角色。他们给我们钥匙，让我们可以自由出入，但明确表示，我们要回家吃晚饭。

和他们一起吃饭时，他们做了一些家庭自制的、味道很美的鱼，但我的朋友是一个素食主义者，讨厌吃鱼。所以，我们借助字典，礼貌地解释了情况，并感激地要了沙拉和马铃薯。这虽然有点尴尬，但通过手势和肢体语言、语调，我们克服了语言障碍！饭后，我们收拾碗筷，向他们表示感谢。

这次旅行真让我们大开眼界，难以忘怀，特别是当离开时，我们互赠礼物，并且他们告诉我们，欢迎我们再回来。

——“火星一号”申请人

很多人生活在文化泡沫里，认为每个人都像他们一样思考和生活，这简直大错特错。我遇到的最困难的文化沟通，是帮助一对来自中东的夫妇。我遇到他们时，向他们两人打招呼。男人很快开口并解释说，在他们的文化中，女人不会与自己家人以外的男人说话，由一位男性代替她们说话。我一直被教育人人平等，但我很难把我的问题和评论直接告诉她。虽然，我认为他们的习俗是不对的，但我尊重这种习俗，所以只跟男人说话。我也希望男人能尊重我的文化，平等对待我的母亲，因为这是我的文化方式。在我与国际客户的数年合作中，我学会了关键是要明白怎么做，不必理解其他文化为什么这样做。大多数情况下，你对他们的思维方式感到很陌生，你永远也不会这么想。但你必须尊重他

们的文化，并接纳他们，知道他们想怎么做。

——“火星一号”申请人

作为和平队（Peace Corps）[①]的志愿者，我在非洲小国马拉维度过了两年，体验当地文化。我被寄宿家庭视作他们的第11个孩子。我住在院子的泥屋里和姐妹们一起打水，照料自己的花园。我的工作是帮助当地的牛奶批发商会实现自给自足，这需要用奇契瓦语，当地只有少数人讲英语，因此我学会了奇契瓦语。即使我融入了当地社区，适应了当地文化，但我发现，在当地的文化中，既有我喜欢的部分，也有我不能接受的部分。不同的文化对所有我认为正常、可接受和正确的事情造成了冲击。我学会了更客观地看待不同的文化，并承认自己的文化局限性；这是一个困难的过程，但对我之后的生活有益。通过生活并融入马拉维文化，我暂且将美国文化抛到了脑后。在这一过程中，我以一种简单的方式从两种文化中独立出来。

回到美国后，我并未停下脚步，接着去了法国，这让我明白他们看待世界的方式是多么不同，并寻找每种文化的差异：了解他们自己并没有觉察到的文化背后的原因。摆脱了对文化的一些无知，我觉得我能从更广的角度看待世界。

——“火星一号”申请人

---

① 和平队，美国派往发展中国家协助开展各类项目的年轻人组织。——译者注

环游世界时，我在印度度过了很长时间。那里对个人空间的概念与我们不同，他们更喜欢跟另一个人靠得很近。对西方人来说，靠得太近会给人侵犯个人空间的感觉。我有几种方法来防御这种入侵。第一道防线是假装看到了几米外的有趣事物。要是这不管用，我会借口说身体不舒服，要是不想被传染的话，最好离我远一点。如果他们跟我很熟的话，我会尝试解释一下关于个人空间的不同看法。

一般来说，最重要的事情是，既不伤害他们的感情，同时也不要让个人空间遭到侵犯。

——“火星一号”申请人

与一些外国同事一起在一个大型实验机构工作，由于我们之间的差别很大，所以不得不尽可能多地用肢体语言来表达。我们用了相当长一段时间才意识到，像摇头这样简单的动作，在一些文化中可能表示截然不同的意思。现在，我会用更多的时间，去了解与我并肩工作的人所代表的文化，特别是需要与之沟通工作的人。

——“火星一号”申请人

读小学时，我们班上的一些女孩仅仅因为我来自不同的种族而将我视为异类，而我把她们当作朋友，这让我很难受。这事让我受到了伤害，也感到困惑。我并不认为自己与她们有什么不同。

我们都是人。从这次经历中，我学到了一些宝贵的经验与教训：第一，如果被当成局外人对待，会让人受到伤害，我不想这样对待任何人；第二，我们不应该像我曾经经历的那样，对不同人之间的差异视而不见，而应该接受和拥抱这些差异。我相信，只要我们以开放和乐于学习的态度来做事，就可以在不同和相同之间发现美。

——“火星一号”申请人

当我和一个朋友前往坦桑尼亚，打算攀登乞力马扎罗山时，我们遇到了与我们有不同生活习惯的人。我们认为理所当然的东西，这里的很多人却不那么看。我在旅行前做了准备工作，包括学习斯瓦希里语中一些简单的礼貌用语，并拿出了美国买的大头针和其他纪念品，与他们分享。在商店和餐馆里，我们不仅遇到了导游，街上的人也都非常友好。那里到处都是人，他们和我们一样，爱笑、喜欢寻找乐趣和结识新朋友。刚认识的几个当地人邀请我们去他们家中做客，尽地主之谊，希望与我们多一些时间交谈。正是因为有机会去世界各地旅行，我发现，与当地人的文化交流是旅行中最有价值、最令我难忘的部分。

——“火星一号”申请人

你万万不能和哪些人一起生活？

我不能跟一个不接受任何帮助的人生活在一起。当一群人的专业、兴趣和信仰不同时，你必须接受其他人在某些事情上比你做得更好，而且你可以通过与他们相处来充实自己。这在一个小型社区中特别重要，因为人们可以一起工作，发挥自己和他人的优势。当然，人们必须能够独立行动，但如果有人脱离团队，特别是心理上的脱离，这会非常危险。我喜欢在力所能及的时候帮助别人，但我同样喜欢从别人身上学习新的东西。人与人之间必须开放地交流想法，我希望第一批火星移民能重视这一点。

——“火星一号”申请人

我很难与死板、无法用创造性思维感知周围世界的人一起生活。一个总认为自己的观点正确的人，通常无法发现多样性的无限前景有多美。我认为这是未知世界的一份资产，而我已经能自己探索它。直到我开始旅行，我才意识到生活有无数种方式：不是每个人都有（或需要）卫生纸，而热水淋浴有时是奢侈的，但从来不是必需品。如果没有了大家已经习惯的物质过剩，有些人就无法保持心态平和，我也很难与这样的人在一起生活，因为他们总是关注对失去的消极情绪与发现的乐趣。生活在一个没有物质资源的星球上，是一种特殊的财富。

——“火星一号”申请人

坦白说，我永远不想与一个以自我为中心的人在一起。我永远无法忍受那些自负的人以及那些认为世界上所有人应该同情他们的人。现在该让这些人看看周围，学习底层人的生活了。

——“火星一号”申请人

我喜欢自信的人，但不喜欢自我膨胀的人，这是有区别的。自私令人讨厌，我们需要彼此信任、彼此照顾。更不要说我们将代表全人类，这个使命比我们更重要。我发现，自恋的人往往会容易沮丧。此外，我不喜欢那些不断抱怨各种鸡毛蒜皮的小事的人，而且我发现他们所在的公司压力都很大。偶尔抱怨虽然无伤大雅，但火星生活将是一项十分艰苦的工作，任何申请人都将毫无怨言地接受这项任务，因为这个宝贵的机会值得承受这些困难。如果我需要一些时间思考，而有人不尊重个人界线时，我会变得很内向、很纠结。同样，如果我身边有人总喋喋不休的话，我也会很不舒服。彼此熟悉的人，在彼此沉默时也会感到很舒服，没必要不停地交流。

我是一个基督徒，但我不反对其他宗教信仰或无神论。虽然我的思想很开放，面对嘲笑时也已经练就了厚脸皮，但是我不能忍受人们因为宗教信仰而认为我愚蠢或歧视我，因为他们不了解我每天对自己的信仰做了多少深思，它与这个世界是多么般配。

——“火星一号”申请人

我和那些性格火爆的人和拜金主义者可合不来。急性子的人常常比较鲁莽，不愿意配合。他们多数时候不愿意接受他人符合逻辑的解释、建议和意见。无论他们认为什么是正确的行动，他们都会强迫别人接受他们的观点，而我是一个重视合作伙伴想法的人。多从别人的角度看事情，可以提供一个更好的处事方式，从而让我对情况的掌握更加坚定。这是我与队友讨论一项任务或问题时最好、最有效的行动方针。对上述第二种人，我就是不想听到他们的东西多值钱或多昂贵。对我来说，由品牌和金钱决定的生活毫无意义。在我看来，这些东西让人们脱离了真正重要的事情，比如精神的成长、家庭、冒险、自然，等等。至于我怎样对待这种人，我不一定会反对他们，但我会尽可能避开他们。如果需要交流的话，我会打起全部精神，理解和同情这些人，并尽可能友好地对待他们。

——“火星一号”申请人

我唯一能够坦率地说难以相处的人，是一些总是很消极的人，或是那些不喜欢团队合作的人。我是一个乐观的女孩，我总是保持无限的乐观，用幽默迎接挑战，克服障碍。我从来不会把什么当成问题。相反，我刻苦努力，找出最好的解决方案。

——凯利·杰拉尔迪（Kellie Gerardi）

有些人对什么都不满意，吹毛求疵，从来不会在细微中发现幸福，总是片面、悲观。他们没有主见，爱找茬，自卑，夸张，爱指使他人或不诚实。这些人不会欣赏你的思考、创造力或想法，

总是充满负面想法。我避免接触那些常常八卦的人，他们更愿意搞破坏而不是建设。我也不喜欢那些偏袒某人、很难把每个人聚集在一起的人。

——“火星一号”申请人

我认为，没有什么性格是我无法相处的。我认为每个人都有不同的性格特点，所以，我相信自己可以找到与人融洽相处的方法。有志者，事竟成。我的适应能力很强，而且我很有幽默感，这确实有助于我与别人融洽相处。我想，只要一个人愿意花时间去了解另一个人，总能找到一种共存的方式。大多数人似乎不太清楚自身的局限性，不清楚自己是什么样的人，但如果他们愿意对别人敞开心扉，他们也可以重新发现自我。可能与我发生冲突的性格，是缺乏好奇心，没有冒险意识，不具备在压力和极端情况下思考与行动的能力，不喜欢合作和不够诚实。

——“火星一号”申请人

我很难与缺乏同情心和同理心的人一起生活，也很难与哈姆雷特式的人一起生活，他们常会陷入思考而优柔寡断，止步不前。

——“火星一号”申请人

我很容易与人相处。然而，作为一个积极的人，我有时发现，消极的人对我来说是种挑战。我明白某些事物是不可能的，因而不会浪费宝贵的时间和资源。我也明白，包括自己在内的人都有过很糟糕的经历，精神很压抑。通常我会用幽默来缓解这种情绪，或在面临问题的时候，尝试引发建设性的批评，以制定出解决方案。但我发现，最难相处的人是那些长期抑郁的人，他们用大部分精力来发现错误，指责他人，并拒绝别人帮助他们，以让他们看到生活光明的一面。在地球上，我们可以远离那些真的不喜欢的人，甚至离开我们最亲密的合作伙伴，但在一个小型社区，比如火星上唯一的社区，尊重彼此，学会沟通至关重要。因为我们要实现共同的目标：在一个新的行星上愉快地生活。

——“火星一号”申请人

第四部分

火星移民指南之未来生活篇

一个全新的 21 世纪

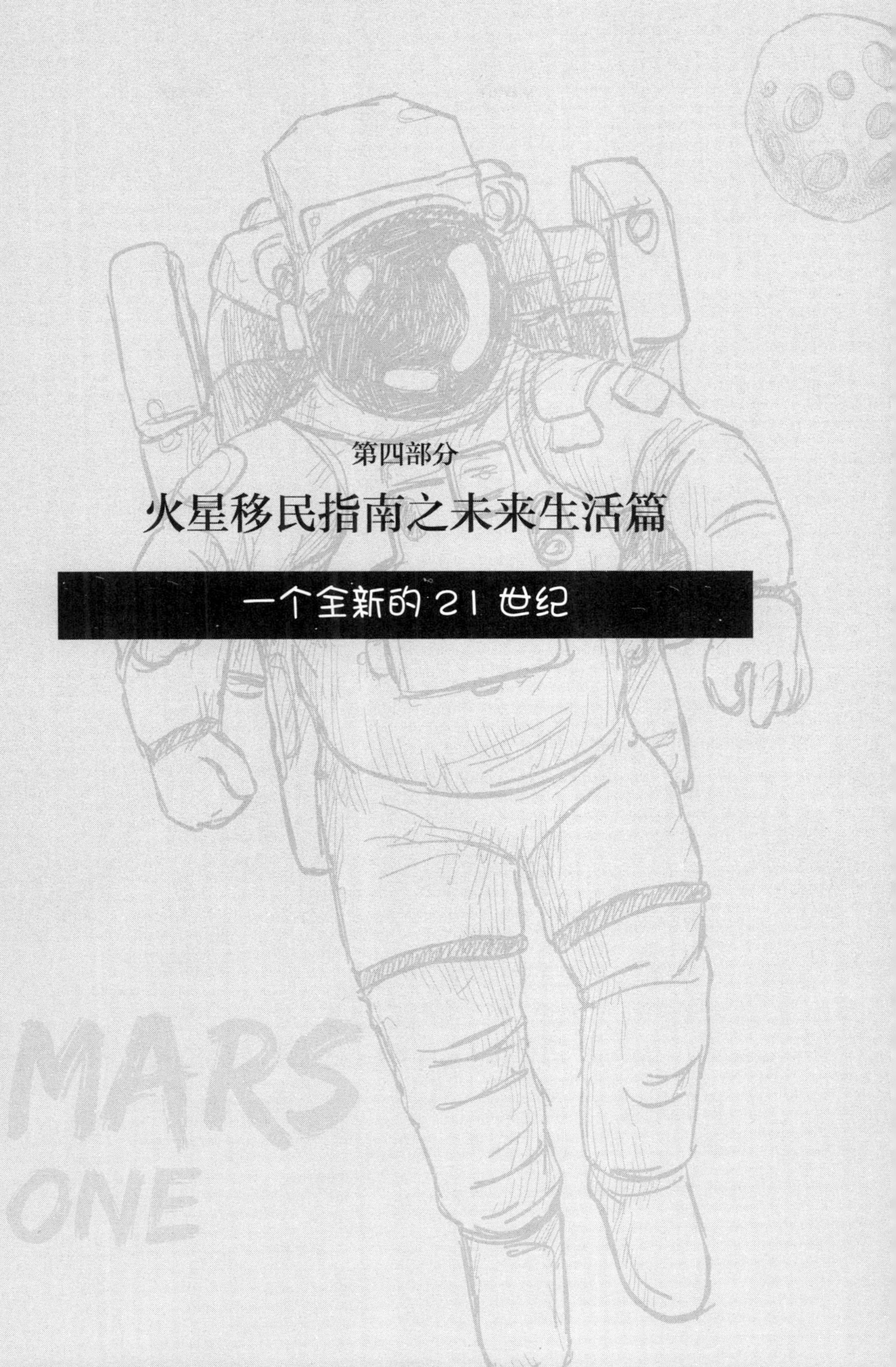

MARS ONE 导读

火星生活基地畅想

你有没有想过，在火星上生活是什么样的呢？你的家，就是一个没有窗户、受保护的栖息地。如果没有特殊的太空服，你将无法外出探险，并且你会完全与地球母亲分离。如果你需要一个零件或额外的供给，你至少需要等几年时间！

我们可以提前设想在火星上的生活，以便为移民做好准备，这是“火星一号”组织目前做的最重要的项目。

“火星一号”组织正在地球上创建数个模拟基地，用于培训航天员、技术试验和评估，它们将作为地球和火星任务的中心。在地球上，他们将进行评估和培训；在火星上，最终模型将为移民们提供一个安全的家园（见图 1）。

整体建筑布局和室内设计是火星基地最重要的方面。它们不仅要可以保证一般性的安全，还要为移民们创造一个舒适愉快的生活环境。

基地设计包括 6 个着陆舱组合和 2 个附属可充气空间，包括生活区、私人区、食物生产区、生命支持系统、地面访问区、娱乐区、任务操作区和生命科学区等。充气空间包括移民活动的主要区域，目的是为日常生活和食物生产服务，空间约为 200 平方米。在火星上，2 个中心着陆舱主要向火星表面提供技术支持，其余 4 个着陆舱主要提供支持整个基地的子系统。

图 G-1 “火星一号”模拟基地

室内设计将非常灵活，可以针对特殊场合或生活中出现的新情况进行改变。随着越来越多的移民到达火星，基地还可以扩建，为定居点创造更多的生活空间和更丰富多元的环境（见图 2）。

“火星一号”正致力于研发一种便于集装箱运输，易于组装和更换隐藏舱体部件的生产技术。所有舱段，甚至可充气空间的体积，都是固定不变的。而且，内部元器件将符合运输并在基地舱中“展开”的质量和体积约束。

移民们将在火星上无限期定居。因此，从地球往火星运送水、氧气和食物是不可行的：他们必须自己生产。在火星上，水可以从土壤中提取，而且，之后发射至火星的探测车可以根据土壤中的水份含量选择着陆位置。与迄今为止发射到火星的科学探测车不同，“火星一号”探测车更注重实用性，即对火星上人类居住区的部署和维护。水的提取将由基地的生命支持单元负责。多功能火星车将把土壤放入生命支持单元内的水提取器中。土壤将被加热，直到其中的水分蒸发出来。蒸发出的水将被冷凝并储存，而后，干燥的土壤被取出，不断重复这一过程可以满足火星移民对水的日常使用和储存。

每个生命支持单元可以存储约 1 500 升水；储备的水主要在可用能源较少时使用，例如必须依靠电池而不是基地的太阳能电池板获取能源的夜晚，以及关闭或限制非关键系统以节约能源的沙尘暴天气时。电力对移民的生存至关重要，因此要保证额外的安全余量，用于沙尘暴时的电力分配。居住地将储备能满足 15 天正常用水时的水量（每人每天 50 升），而如果限量供水的话，甚至可以储备 150 天的用水量。所有的废水将被回收，因为这比从火星土壤中提取水消耗的能源要少得多。只有无法回收的水才会被

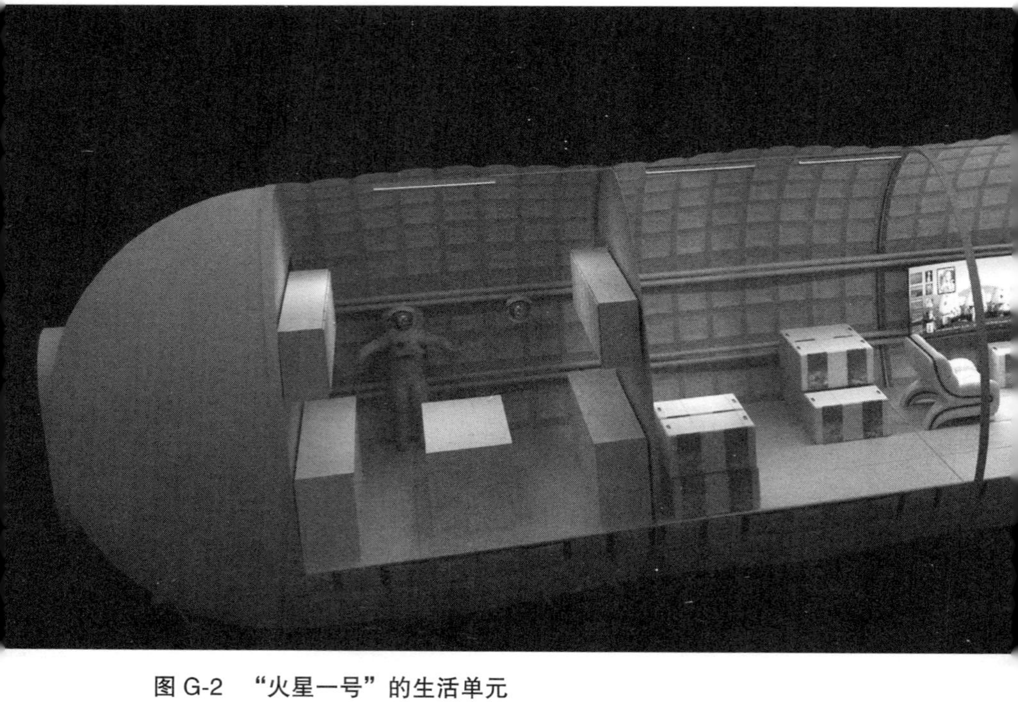

图 G-2 “火星一号”的生活单元

从土壤中提取的水代替。

氧可以通过水分解成氢和氧来获取。氧气将提供生活单元中的可呼吸气体，氧气储量将足以支撑60天，在可用能源较少时供给使用（同样是在夜间和沙尘暴期间）。生活单元可呼吸气体的第二种主要成分为氮气，将由生命支持单元直接从火星大气中提取。

移民们登陆火星后，可以食用来自地球的耐贮藏食物，这些食物由后续的无人飞行供货任务提供。来自地球的耐贮藏食物仅用作紧急情况下的救命粮；移民们将努力在火星上生产和食用尽量多的新鲜食物。藻类和昆虫很可能会成为火星移民的饮食组成部分。

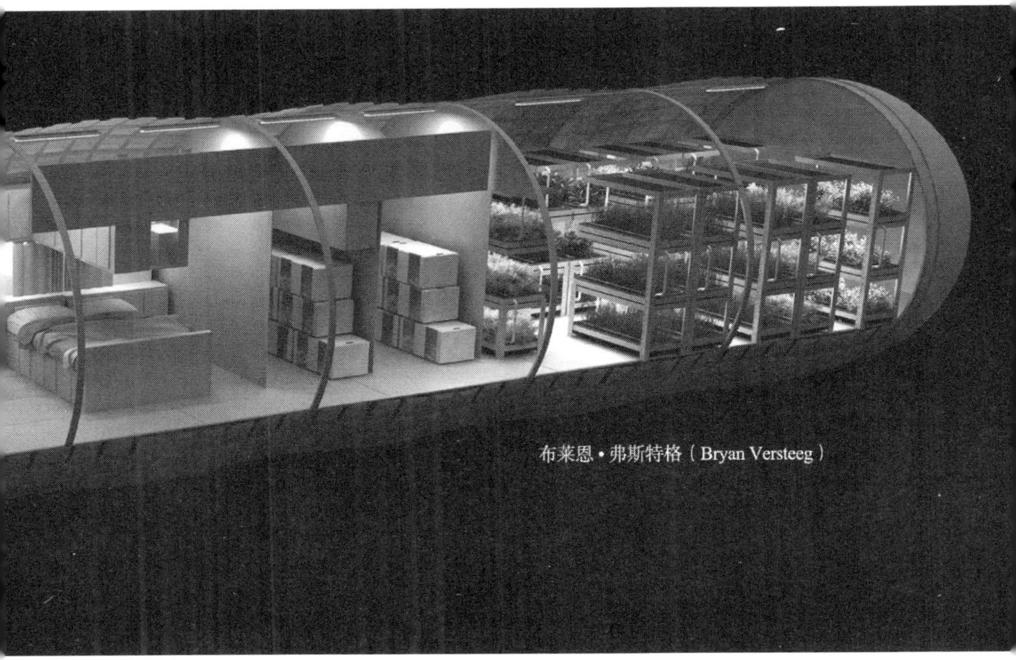

布莱恩·弗斯特格（Bryan Versteeg）

食品生产将利用人工照明在室内进行（见图3）。总的来说，在定居点将有约80平方米的土地用于种植作物，在第二批移民到达前，第一批移民还可以使用为第二批移民准备的土地，因为在第一批移民到达后的几周内，第二批移民所需的硬件设施也将到达火星。

图 G-3 “火星一号”生活单元中的温室

可充气定居点的顶部是厚厚的火星土壤，它可以保护植物和航天员免受辐射伤害。从火星大气中可以获取植物生长所需的二氧化碳，通过加热火星土壤和废水回收可以获得水。植物肥料可以从人类制造的垃圾中回收获取或从地球运输。任何多余的植物产品将作为紧急状态下的口粮储存起来，不可食用部分将被回收（如用于喂养昆虫或作为3D打印机的原料），目的是使定居点可以不依赖地球供应的食物，实现自给自足。在仓库中，一直会储备足够的由移民自己生产或来自地球的应急口粮，满足定居点移民的生存所需，直到下一次补给抵达火星。

从地球到火星的旅途中以及在火星上生活时，移民们可以使用医疗设备，治疗最常见的伤害和疾病，四名航天员组成的每一批移民，都将接受全面的医疗培训。但是，火星上的医疗设备与地球上现代化医院的设备相比，十分有限。由于火箭运输的重量限制和火箭发射能力有限，最初几年，定居点将不会有大型或重型医疗设备。在火星上，进行特殊治疗（如需器官移植、心脏手术、透析和种植牙齿等）将变得更加困难，甚至不可能实现。随后几年，将会有更先进的医疗设备运向火星，实现更复杂的护理。

在工作时间内，移民们将忙于执行三项主要任务：定居点的建设、维护和研究。特别是第一批移民，将需要花费大量时间建造定居点，使新家园成为一处舒适的住所。他们将在着陆舱之间安装走廊，安装新的太阳能电池板，在定居点内安装设备，如温室。他们还要种植作物，准备食物。他们还将为第二批移民准备硬件；第二批移民生活所需的硬件，将由第一批移民负责建设。此外，“火星一号”将尽早为这些定居点提供技术，利用大多数火星物质生产出更多的生活空间，以扩大定居点。我们的目标，是建造出一个高10米、直径50米的圆顶，为火星移民提供一个对火星标准而言相当宽敞的环境，有池塘，可能还会种上小树苗，人们可以在里面休息。这个区域将使火星成为一个更好的休闲场所。

设备维护对确保所有系统的长期运作至关重要。移民们的生活依赖于定居点的现有技术，所以，所有的系统都需要定期检查和维护。

科学研究也是火星生活的重要部分，特别是在定居点完全投入运行后。火星的地质历史是什么样的？火星曾经有过很长的湿润期，抑或只是不时出现几个湿润的年份？火星的气候变化何时发生的？火星上现在有生命吗？移民们将自己开展研究，并为其他研究人员收集数据传回地球。

移民们也会有时间放松（见图4）。他们可以和地球上一样做很多室内活动，如看书、写作、打游戏、绘画、锻炼、看电视、使用互联网与地球家中的亲朋交流，等等。地球和火星之间的距离会导致时间延迟，因此会有通信和媒体上的一些限制：他们必须提前预订想看的电影或新闻广播。如果航天员想要观看“超级碗”比赛，他们可以提出申请，之后，“超级碗”节目会被上传到火星服务器上，但时间至少会延迟3分钟。所以，火星上的人们将比地球上晚几分钟知道比赛结果。由于来自地球的任何其他通信也将以相同方式延迟，这并不会破坏火星上的人们对地球运动的热爱。

图 G-4 “火星一号”生活单元中的休息区

简单的互联网接入在首选网站方面也会受到限制，因为这将不断地刷新火星服务器。登录其他网站往往需要6~45分钟，网站页面才会出现在他们的屏幕上：首先需要3~22分钟，你的鼠标点击信号到达地球，再过3~22分钟，网站数据将到达火星。移民们也可以通过视频、语音或电子邮件，与家中的朋友联系，但由于延迟的存在，实时对话是不可能实现的。

在火星上生活，特别是在最初的几年，不可能完全没有风险。有许多可能导致问题的因素：定居点的重要组成部分可能会受到不可预见的情况产生的负面影响；在定居点之外执行任务期间，一旦移民的火星服受到损坏，就可能危及生命。此外，在火星上无法治疗某些疾病。显然，“火星一号”将全面检查和试运行所有的任务组成部分，以防止有什么问题发生，特别是有关定居点的关键部分。

总体而言，在火星上生活与在像南极洲和国际空间站这样的地方生活相似，也会遇到类似的困难。不过，南极有一些非常先进的大型科研站，拥有大量现代化设施；国际空间站则有机会返回地球，并不断供应补给物资。

根据“火星一号”的任务规划，这些细节描述了火星生活的基本条件；然而，为了提供火星生活的完整图景，我们首先必须考虑移民到其他行星时会碰到不少法律问题。纳拉杨·普拉萨德（Narayan Prasad）是伊拉斯莫斯世界计划（Erasmus Mundus）[①]中欧洲航空与航天科技专业的硕士生，获得法国国际交流接待中心（EGIDE）奖学金（法国

① 伊拉斯莫斯世界计划，目的是使欧洲成为全球最具竞争力和活力的知识经济体，发展成为高品质和卓越成就的教育标杆。为实现此目标，伊拉斯莫斯世界计划设立了100多个硕士专业，毕业后将获得双硕士学位。——译者注

大使馆奖学金），空间技术专业硕士（瑞典）及空间技术与仪器专业硕士（法国），曾在印度天体物理研究所（IIA）和德国航空航天中心（DLR）工作。他目前是在线出版物“印度新太空”（NewSpace India）的负责人。

普拉萨德撰写的文章（即本书第 11 章），让我们暂时沮丧地“砰”地一声回到地球。因为他让我们不得不面对具有挑战性的政治和法律后果，这些问题都与在地球母亲以外的星球创建第一个星际定居点有关。普拉萨德在文中讨论了国际空间法规，其主题涉及国际社会管理星际探索的法律协定，以及在火星上建立定居点法律协定的必要性。最后，随着新的太空活动的出现以及开展向火星发射宇宙飞船的私人计划，我们面临一些可能出现的道德问题和潜在的法律障碍，但这些问题肯定会在最后期限来临前解决！

根据对“火星一号”任务顾问的采访，文森特·海曼（Vincent Hyman）在火星交流博客上写了很多文章。在他的文章中（即第 12 章），他带我们体验了在火星上生活的一天。故事还算好，并不会让人感到奇怪，因为他描述的情节和叙述的故事很可能发生。当你走进他笔下角色（可能是第一批火星移民）的生活时，你会看到，在火星上进行常规性的日常工作让人感到兴奋，颇具挑战性。每一次定居点外的冒险，总会令人想起尼摩船长（Captain Nemo）[①] 手下的船员身着笨重的潜水服，带着有限的氧气，在水下离开“鹦鹉螺号”。

---

① 尼摩船长，法国著名小说家儒勒·凡尔纳的小说《海底两万里》中的人物，是一位知识渊博的工程师，遇事头脑冷静、沉着机智，驾驶“鹦鹉螺号”潜水艇，几乎游遍了地球上的每一个角落。——译者注

在火星上，生活并非工作的全部，移民们有足够的闲暇时间可以做一些他们在地球上一直想做的事情，或者做他们做梦也想不到的事情。科幻小说和奇幻作家罗伯特·杰斯乔恩克（Robert T. Jeschonek）在他的文章（即本书第13章）中，根据他幻想的火星旅行，想象了一旦建造定居点的早期忙碌工作完成后，第一批火星移民将如何度过他们的闲暇时光,从体育运动到释放“星际创造力”的实验科学，这些活动将足以启迪地球和火星两个世界。

11

在火星上，建立自给自足的生态新家园

纳拉扬·普拉萨德

德赫鲁瓦太空公司（Dhruva Space）共同创始人，该公司是一家位于印度南部城市班加罗尔的新型太空公司，负责研制小卫星。普拉萨德是伊拉斯莫斯世界计划中欧洲航空与航天科技专业硕士，曾在印度天体物理研究所和德国航空航天中心空间系统研究所任职。他的兴趣涉及与太空探索和利用有关的技术、法律和商业等方面。

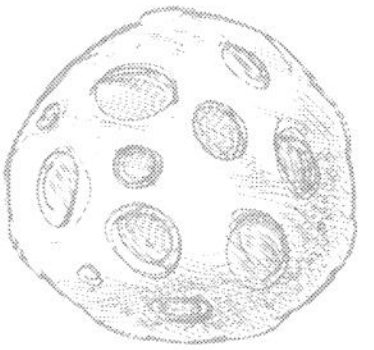

1957年苏联发射的“斯普特尼克1号”，是第一个进入太空轨道的人造物体，不仅打破了人类超越地球大气边界的技术限制，而且还具有重要的法律和政治影响。特别是，它确立了“太空开放”的国际原则，表明任何国家都不能声称大气层之上的太空是其领空的一部分，并据此禁止卫星在未得到其许可的情况下飞越太空。

“新太空”运动

除了对太空探索至关重要，随着美国和苏联率先使用间谍卫星，太空开放政策，实际上对深陷“冷战”中的世界具有重大的战略和情报影响。因此，出于重要的政治原因，为了全人类的利益，联合国大会于1959年设立了和平利用外层空间委员会（COPUOS，简称外空委），以管理外层空间的探索、发展、安全和使用，并创立了一个论坛，以审查外层空间探索所产生的法律问题。外空委作为国际社会辩论和探讨所涉法律复杂性的组织，最终制定了五项主要的联合国条约以及有关通信和气象卫星等事项的一些次要协定。这些条约为探索外层空间的国际合作和协调提供了框架，其中最重要的是《外层空间条约》（*Outer Space Treaty*）。该条约于1967年生效，成为具有约束力的国际法。《外层空间条约》禁止地球上任何国家宣称对任何天体的主权。

用于管理国际社会在月球和其他天体上活动的最后一项主要协定，是1979年联合国大会通过的《月球协定》（*Moon Agreement*）。虽然还没有关于火星移民的具体国际政治和法律的讨论，但《月球协定》可以沿用到火星上。它详细阐述和重申了《外层空间条约》的许多规定。《月球协定》主要规定，在不破坏其环境的前提下，对月球和其他天体的研究只能用于和平目的，而且，在这些天体上建设的任何基地，都应将其位置和目的告知联合国。

> 火星就像一个时间胶囊，记录了从过去以来几亿年的历史，为那些足够勇敢探寻历史的人保守了秘密。我们可能不清楚火星的过去，但我们知道新的篇章即将开始，因为火星的故事还远远没有结束。经过十亿年的孤独，现在我们手握创造历史之笔，一切都会发生改变。你会发现，去火星不仅是一项探索任务，更关乎我们如何应对危机，关乎我们坚持的梦想究竟能走多远，关乎人类的意义。我坚信，我们在火星上发现的东西，可以将进步的浪潮带回地球：我们将看到，第一个真正与众不同的21世纪新社会的诞生；我们将在对宇宙的认识中见证一场科学革命。
>
> **“火星一号”创始人**

大多数太空国家，包括美国、俄罗斯联邦（苏联）和中国都没有签署、加入或承认《月球协定》。一个主要原因可能在于协定中最具争议的条款规定，即月球及其自然资源是全人类的共同遗产，但当开发这些资源时，应当建立一种国际性的制度，来管理这些资源的开发。因此，一般认为，该协定是一个失败的条约，因为它没有得到任何自主开展载人航天活动的国际社会的认可。

可能是由于“阿波罗 11 号”登月后太空竞赛逐渐冷却，以及外层空间中各种突破的新奇感消失殆尽，所以，各国并没有真正试图将《月球协议》从法律低谷中拯救出来，或者提出替代性协议。因此，太空的政治利益范围已经受到制约，甚至对太空探索的领先者来说也是如此。此外，至少在发达世界，太空活动的重点已经不再是纯粹的国家和政府项目。过去 10 年间，尽管取得的进展仍然有限，但发展中国家也进行了大量投资，以在太空竞赛中取得历史性成就。

过去 30 年间兴起了基于卫星的全球服务，而且更多的私营企业开始提供这种国际服务。已经成熟的航天国家一直积极支持航天技术的商业化，以便在全球服务中获得更大的国际市场份额。传统上，这种私人活动大部分是为政府项目服务的，如发射间谍卫星、科学或气象卫星，或是为了支持地球上的成熟产业，如通信卫星。然而，过去 10 年间出现的“新太空”运动，正在推动私营企业参与截然不同的领域，包括太空旅游、开发卫星星座、小行星开采等。

按惯例，有关外层空间活动的许多政治和法律问题，都是在国际社会领导下讨论的，几乎所有的管理和行为准则都在其讨论范围内。随着“新太空”运动的出现，太空活动已经从国际社会驱动模式，转变为私人、企业或其他非政府行为驱动的模式，承认这一点至关重要。这使新太空运动在某种程度上超出了联合国条约和协定的范围，而这些条约和协定是为了规范国家和政府的活动，或限制太空卫星对地球人类的影响（例如，当航天器或卫星撞击到地球上某一地区时所适用的规则）而制定的。

当航天活动涉及私人和非政府机构时，目前的法律呈真空状态，这将对建立自给自足的火星定居点所涉及的政治和法律复杂性，产生重大影响。例如，相关讨论应该由谁来领导，是联合国、单个国际社会，还是完全通过非政府的私人化方式？此外，国际社会的多边协商、多元化的私营企业，或国际社会支持的私营企业，也在尝试中。

虽然，其中一些组织方法与其他方法相比更不可能实现，但每一种被考虑的方法，都可能会对每个国际成员的政治和法律机构的讨论产生深远影响。因此，组织方法将对建立火星定居点的治理和监督产生根本影响。此外，虽然，目前的国际空间法律体系建设需要国际社会监督，并授权其管辖下所有机构的活动，但仍需在国际空间法律体系的权限范围内，阐明私营企业和非政府机构关注的若干问题。例如，火星定居点的建设问题，包括有用的新型矿物等资源的开采、最终商业化，以及能否运回地球，或改变火星环境，以创造一个自给自足、可持续的人类栖息地或者旅游区。在目前的国际空间法律体系中，这些行为的合法性仍然模糊不清。

缔约国禁止占据外层空间的要求，是《外层空间条约》的一项主要条款，其中规定，“各国不得通过提出主权要求，使用或占领等方法，以及其他任何措施，把外层空间（包括月球和其他天体）据为己有”。同样，该条约规定，探索外层空间的行为应避免使外太空遭受有害的污染。然而，条约对外层空间或天体没有明确的定义，因此，国际社会对太空活动的定义还没有达成共识。鉴于各国当前对国际空间法律体系的立场，依托国际政治联盟开展的、任何旨在建设火星定居点的活动，都可能考虑是否应拨款资助。国际社会需要重新进行严肃的多边协商，来解决这些问题。

当国际社会都认识到需要这样的决议，且有一个国际成员首先提出解决建议，并有一定数量的国际成员同意时，这种多边讨论才会产生。然而，国际法领域的这一过程漫长而乏味。此外，这种在共识驱动下产生的条约和协定，也可能因缺乏国际执行机构或反对违反国际空间法律的机制而受到影响。

这些问题以及在地球轨道以外的活动，仅限于相对较少的几个行为体，这表明，国际社会可能希望通过国家立法的方式，解决涉及的法律问题。

在美国，这样的途径已经取得了一些成效。2015 年 5 月，美国议会通过了《2015 年太空法案》（众议院第 2262 号决议），以促进根据现有国际义务进行商业勘探和利用小行星。该法案解决了政府拨款、外层空间采矿许可、对外层空间资源的管辖权，以及小行星资源开采公司的商业产权等问题。

一旦尝试这种努力的缔约方数量增加，将导致市场竞争的出现，行为体将主要资源用于解决技术挑战。最终，对这些缔约方具有管辖权的国际社会，可能会演变为具有特定功能的内部监管机构，比如授权、保险、负债、出口控制、税收合理化和安全标准等。

然而，还需在多边层面实现各国政治参与，达成共识，允许私人和组织投资获得商业利益的回报，纳入现有的国际法律框架内。

> 从新规则和新禁令开始，建立一个全新的人类定居点，我喜欢这样的想法。你可以做很多事情。没有什么能限制我们的灵感！
>
> **“火星一号”申请人**

理想的情况是，我们将建立一种治理方式，允许经济、政治和行政管理等方面共同发挥作用，以管理火星探索、自给自足的基地建设和最终定居事宜的各项事务。治理过程需包括治理机制、治理过程和治理机构，通过这些方面，国际社会及公民和团体才能表达利益诉求，行使法律权利，履行相关义务，并调解分歧。

从新规则和新禁令开始

一个功能完整的火星定居点，其长期愿景应包括对各社会机构和组织的治理，从个人、家庭到整个社区；还应包括定居点在当地环境中进行权力分配、资源管理、问题处理时应采取的所有方法。

按照这种长期愿景，国际社会需努力为这种治理方案构建强大的法律基础。他们需要就治理的形式和性质达成共识，包括如何在不同机构之间分配权力。国际社会必须就开展火星活动的人的权利和义务达成一致，并授权私营企业或非政府机构开展活动。这种自上而下构建法律基础的方法，将对火星定居点的良好治理方式作出详细说明。

针对火星定居点的争议性问题而构建出一个完善的框架标准，是联合国开发计划署（UNDP）的工作，该框架确定了良好治理措施的许多核心特征，包括公众参与决策，公平和公正执法；基于信息自由流动的透明度；服务所有参与者的响应机制；不同利益的自愿调解；公平地改善或维持参与者的福利；执行进程和机构的效果和效率；所有相关参与者的责任；治理的战略性和长期愿景。

这种治理框架应根据定居点独特的社会、经济和环境条件而逐渐改进。例如，在火星上建立自给自足的生态系统，其中一些核心问题可能会破坏火星环境。在这种情况下，需要建立法律授权和政治决策链，以便能够采取相应的行动。同样，在社会方面，可能涉及给个人提供返回地球的权利。

与在南极洲这样简单的科学探索形成对比的是，火星定居点的本质是一个与政治和法律交织的重要伦理问题。以适应人类可持续居住的方式改变火星环境，无论它规模大小，都需要政治决策者进行道德考量，并建立能够实现这种行为的法律框架，而不仅是纯粹的科学探索。

然而，国际社会很难严肃思考太空活动的道德问题，比如，环绕地球运行的太空垃圾越来越多。在有些情况下，国际社会不计后果地制造太空垃圾的行为，例如反卫星武器试验的军事技术演习，受到了广泛的批评，但解决太空垃圾清理工作的问题并没有在航天国家的政治领域取得实质性进展。

这种僵局表明，在问题的严重性扩大之前，很可能不会出现能达成具有约束力的国际决议的关键政治群体。在这种情况下，可能促使我们更接近“凯斯勒综合征”（Kessler syndrome），即由于太空垃圾的级联簇射，使太空旅行太过危险，人类将因此而无法离开地球轨道。在火星上建立定居点时，需避免这种僵局。当建设火星定居点时，政治和法律的肌肉必须建立在一个强大的道德骨架上。

只有当这种活动的技术和商业可行性得到具体说明后，才有可能摆脱这种僵局，恢复国际社会参与到重要的国际政治和法律活动中，以解决火星资源开采或火星移民等有关活动的法律问题。

促进国际社会参与的其他可能情况，或许是由于气候变化威胁到人类的生存、小行星或彗星的危险接近，以及全球范围的流行性疾病等。然而，国际性政治和法律约束体系的出现更有可能是是出于经济利益考虑，而不是为了那些更激动人心的梦想。

一般来说，法律往往落后于科技进步。随着非政府机构领导外层空间活动技术和经济形势的快速变化，出现了一种新趋势，即这些机构自愿宣布基于其社会责任的行为守则。例如，几个新的太空卫星公司，如行星实验室（Planet Labs）和尖顶（Spire）公司，已经宣布了计划，以确保他们的太空资产可以重复使用，尽管并没有法律硬性要求他们这样做。

这些措施不仅为其调整太空活动，确保长期的安全性和可持续性提供了机会，还振奋了投资者和其他观望者的信心。

鉴于国际社会在建立火星定居点紧迫的法律问题上达成共识缺乏政治上的紧迫感，因此，独立制定国家空间法可能呈上升趋势，而且更多的非国际社会行为体已经宣布了确保太空安全和可持续活动的行为准则，从而创造了一个实际意义上的新的国际政治框架。

12

迪子的疯狂与落寞时刻

文森特·海曼

“火星一号”申请人，自由撰稿人、图书编辑，专攻心理健康、非营利性管理、科学和毒瘾等方面。他通过采访专家顾问和撰写交流文章，来为“火星一号”任务做贡献。他为菲尔德斯通联盟（Fieldstone Alliance）和阿默斯特·怀尔德基金会（Amherst H. Wilder Foundation）的非营利性咨询公司指导出版业务，并从事公共关系和营销传播方面的工作。海曼现居明尼苏达州的圣保罗。

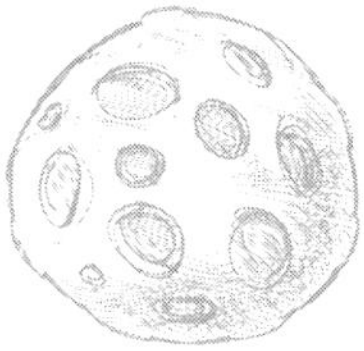

“迪子，太阳耀斑来了，不过不是太大，但我们得尽快让你回来。看来你今天得放弃钻探工作了。”

迪子转身凝视着她身后遥远的定居点。一串脚印和探测车的车痕，让凸起的红色风化层堆积成灰。在某些地方，风已经模糊了她留下的清晰脚印。

前方有三条岔路。透过昏黄的雾色，她看到钻头直直地立在她面前。两个更近一点的、距离相等的辐射避难所标志就在路的尽头。

“梅子，”她说道，“我离得太远，回不去了。我会去一号避难所。”

又失败了。在火星上待了 70 多天之后，他们终于有时间建立钻探点，寻找火星生命迹象。在研究了卫星照片后，“火星一号”的科学顾问选择了最近的可能地点——一处有水侵蚀迹象的年代久远的小盆地，就在离定居点 3 公里处。

寻找生命。如果这是她的使命与孤独，寻找火星生命将是她的主要工作。整个世界都在观望和等待。我们有邻居吗？最微小的生命形式将改变一切，这远比哥白尼证明地球绕着太阳转、从太空拍摄第一张地球照片，以及定居火星的疯狂想法更重要。尽管无数的图书和电影描写过外星人入侵地球的故事，但事实是，人类渴望知道自己并不孤独。

欢迎微生物

上个月，伊德里斯负责每周的广播聊天，并专心准备钻探地点和寻找生命的课题。迪子仍然记得，他用一首有趣的小诗作为广播节目的开头：

我是一个微小的细菌
也可能不是
火星的朋友你去找找
但这说明
我们不孤单
我很欢迎微生物

伊德里斯是一个无线电通信爱好者，很讨人喜欢。他总是愿意在那些对生存不重要，但对享受生活至关重要的事情上花时间。特别是在火星上，如果你找不到乐趣的话，那生存还有什么意义呢？他的幽默，使他成为一个好医生和一个很棒的队友。

当然，生存第一。作为团队的高级工程师和大家公认的机械师，迪子领导他们建立了定居点。她和赛义德、梅子、伊德里斯一起，在过去两个月的大部分时间里，仅仅掌握了最基础的东西。

他们还有很多事情要做，但是地球上的人们，特别是他们的赞助者,不时需要一些奇迹出现。团队的每一位成员都希望部署钻井，以搜索几米之下的生命证据。

迪子稍停了一下。“梅子，到一号避难所只有几分钟路程。我到了那里会打电话。”

到目前为止，迪子和赛义德已经建造了两个太阳风暴避难所，这是建设网络化辐射安全避难所的开端，使远离基地的探险成为可能。铲起松散的石头，覆盖在风化层上，这些避难所并不适合穴居，却足以躲避辐射风暴。“为二人世界准备的浪漫小涵洞，”赛义德为第一个涵洞命名，“我们应该在那里放上蜡烛和一瓶格鲁吉亚葡萄酒。除了蜡烛不会燃烧，瓶子会冰冻之外，简直完美无比。”

走几分钟，穿过锈红色的岩石和灰尘，到达避难所，然后等待风暴过去，“我必须得回去”，迪子心想。今天的空气，不再适合在钻井现场工作了。

迪子跳跃着跑向石头涵洞。她喜欢在火星上奔跑，而且喜欢离开嘈杂的定居点，以及那些摄像机的窥探。太阳风暴给她提供了宝贵的独处时光。

“迪子,”梅子刺耳的声音响起,“我听到你的呼吸很困难。你的呼吸频率加快了。根据任务规则，在我们安营扎寨以及得到控制台的许可之前，你不能跑，也不能小跑，更不能跳跃。走到避难所，然后等待。不要着急，别吓唬我们。没有人希望看到你跌倒。还有，请打开你的视频反馈系统。”

> 我一直想成为航天员。我希望穿梭在漆黑的未知中，并在像火星那样的地方降落、探索、生存。
>
> **“火星一号”申请人**

四个人中，只有梅子能很自然地平衡她对家庭的责任感、她在镜头里的生活，以及她对个人空间的需求。是文化原因，还是大家族的原因？伊德里斯喜欢在镜头前扮鬼脸。但对迪子和赛义德来说，最难的是适应这种鱼缸式的生活。“就像住在动物园一样。”赛义德说。

“与火星人一起吃饭”

迪子可以理解地球人对火星、火星任务、火星航天技术与科学、定居点的迷恋。她不能理解的是公众对他们四人的迷恋。数百万人调到火星频道，“与火星人一起吃饭”，这让她有些不知所措。看一档四个人喝淡茶，吃加工的蛋白质、纤维和蛋白棒的延迟视频，有什么意思呢？

奇怪的是，根据新闻报道和评论，整个过程在地球上产生了一致效果。当安塔基亚、檀香山、纽约、雷克雅未克、亚的斯亚贝巴、墨西哥城、雅浦，还有北京的人们，与火星人一起喝茶时，他们感觉世界更小了。不，是感觉太阳系太小了。迪子忘了十几年前，她成了志愿者，她的工作包括喝价值几十亿美元的茶，人们会评论她的头发，臆想她的爱情生活。

早餐时，梅子总会向地球人展示烤面包，问候观众，并祝福他们。真是一个不可思议的年轻女人，迪子想。梅子来自老挝，出生在美国威斯康星州的农村，比迪子和赛义德矮了不少，但她可以说是团队中最坚强的人。尽管梅子比较年轻，身材矮小，但是团队中年纪最大的迪子站在她身边，感觉就像一棵被风吹动的杨树。

梅子已经成为大众情人，这对迪子来说是件好事。人们也喜欢伊德里斯，喜欢他拍的照片、饶有趣味的诗、灿烂的笑容，还有他说话时手舞足蹈的样子。赛义德主持的火星夜间天气预报大获成功，被半岛电视台、美国有线电视新闻网（CNN）、英国广播公司（BBC）和数百个网络转播。他们赚到了必要的额外资金，用于补助四人团队，并为下一支团队积累资本。“我们预计，今天天气良好，温度在 –20℃以下，”他一边说，一边在手绘火星地图上挥舞着手臂，“风速可达每小时 200 公里，但气压较低，就像地球上的微风。真是适宜航海的一天啊，要是我们有一片海，一些氧气，或者再来一条船的话……”

> 我想让人性自然流露。当我们不再争吵，将他人当作盟友而非陌生人时，我们可以做些什么？我们这个物种在历史上最团结的事件之一，是观看尼尔·阿姆斯特朗在月球上行走。那时候，我们不再分白人还是黑人，犹太人还是穆斯林，英国曼联还是利物浦足球俱乐部。我们看着月球欢呼：“我们做到了！”大家不分你、我、他。我们是整个世界。但现在，我们已经忘记那是什么感觉了。我想提醒人们，我们做了什么，我们还能做什么。天空是永远没有边界的。
>
> **“火星一号”申请人**

迪子是四人中年纪最大的，沉稳、安静，是个靠谱的工程师。几年前，人们称她为“迪子外婆”，这是根据她的荷兰传统对她的敬称。她看起来并不老，也不像外婆，但这个称呼一直保留下来，最后，队友们甚至开始用“迪子外婆”来开玩笑。这是她的大众形象，她怎么想不重要。毕竟，这不仅是她一个人的冒险，这是全人类的冒险。有关第一批火星人的一切，都很重要。

不再去想梅子的事，迪子跳过几块小石头，朝避难所走去。两个月过去了，新发现的“超能”仍让她兴奋不已。之前，她在健身房健身时总是障碍重重，运动从来都不是她的强项。而现在，她已经 59 岁了，跳起来就像神奇女侠。至少，在火星上，她比地球上最好的奥运选手跳得都高。要是太空服再灵活一点就好了。也许可以用某种加热的柔性材料，采用一种压缩系统？她那工程师大脑开始运转，不过很快她停止思考，重新找寻避难所。

最终，迪子找到了避难所。膝盖笨拙地弯曲下来，做好进入前的准备。“梅子，我要进去了，我想安静一会儿。10 分钟后再登记，可以吗？”

独自思考的时光

时间？迪子思考着。这是她独自思考的时光。

今天过得怎么样？迪子没有与地球人一起吃早餐，而是在为定居点外的短途旅行做准备，并进行医疗检查。早上，她又看了一遍最后一通视频通话记录，她母亲还不太会用，没说几句话，而她姨妈则浪费了宝贵的通话时间，从皇室最近新出生的孩子，谈到她小表弟最新做的文身。他们喋喋不休的声音渐渐变小。迪子的母亲和姨妈，身体都快不行了。在离开地球前，迪子就知道会有这么一天。她们坦然面对，并做了告别。她很高兴，母亲能在有生之年看到她最小的女儿在火星上生活。但是，相距如此之远，知道母亲快要离开人世的消息，仍然令她很害怕。迪子可以与她在人生的最后时刻进行视频通话，但有可能当她发现时，母亲已经去世了。或者，她能知道这事什么时候发生吗？理性告诉她这不可能，但她内心希望这可以实现。几个世纪以来，移民们横跨大洋，通常就再也听不到家人们的声音了。与他们相比，我们还稍微好受一点。

前一天晚上，迪子在下载数据的时候，用几分钟时间浏览了一些喜爱的网页。Facebook 上有一些新的照片。她最新的太空服照片，就是那张金色遮阳板上映出定居点的照片，已经流传开来。很多人已经用图像处理软件，把泰姬陵、自己家还有米老鼠的脸，PS 到了反光遮阳板上。这着实有趣，但不管有多聪明，其中包含的东西太多了。她必须得让“火星一号”调整信息筛选程序，或让一些志愿者帮助整理这些东西。这就像她的时间一样，数据带宽实在太贵了。

地球上的新闻还是那些常见的事情。“世纪风暴”兴起，新奥尔良再次被淹没，她热爱的祖国荷兰投资数万亿建设海堤和抽水泵，并通过技术出口付清了所有资金。器官打印技术取得了更大进步，他们收到了医疗赞助商发来的私人邮件，邮件说 6 年之内，器官打印设备将随第三批移民一起送上火星。好主意，迪子想，伊德里斯一定会喜欢这个设备。但她宁愿得到一个急需的封闭电弧熔炉，这样他们就可以利用火星上所有的铁制成很多东西。当然，梅子想要更多的凯夫拉（Kevlar）合成纤维，制成圆顶，并用进口转基因竹芽，来增强结构支撑。要是有合适的赞助商和经费的话，他们没有理由不算笔账，试试这两种选择。只要保持这种效率，资金自然会跟进来！

> 人类最关心的问题是：“我在这里干什么？”由于人性的驱使，我们渴望得到意义和目标；我们最大的恐惧是被忘掉，我们希望留下点儿什么。我想，对我的家人来说，给孩子和孙子讲故事时，没有比我的经历更好的故事了。我离开这个星球，开始做一件大事。也就是开始一种全新的生活。
>
> **“火星一号”申请人**

火星“直播”：我们真的可以骑自行车吗

当天的下一个议程是小组会议。伊德里斯介绍了水培系统的最新进展。已经两周过去了，除了一些小芽，他们还没有收获新鲜蔬菜。梅子仍然在努力解决水培作物的水循环问题。赛义德和迪子提出，在 3D 打印机联机并打印出所需部件之前，有几种修好水泵的方法。如今，最好的办法似乎是手动操作水泵，进行重力供水。

接下来，是与地球上的学校进行每周“直播”聊天。这是一周中最美好的时光。没什么是真正直播的，不过是同学们在班里现场录制他们的问题,火星团队以同样的方式进行回答。然后,“火星一号”将所有问答剪辑在一起，在“火星频道”播出。几乎每个人都很喜欢这些片段。目前，他们的节目已经有近 7.5 亿的关注者。孩子们是如此精力充沛、充满好奇心和惊讶之心，他们经常提一些成年人不好意思问的问题。

这个星期的主题是火星的日常生活。第一个问题来自伊斯兰堡一个男童学校的孩子。“你在火星上怎么上厕所呢？”一个聪明的男孩问。伊德里斯做了个鬼脸，梅子叹了口气，翻了个白眼，迪子和赛义德则轻声发笑。世界各地的 10 岁男童都这样。赛义德解释了这一过程，包括宝贵的水和废物回收系统。

然后轮到了比利时安特卫普的中学班。“定居点有什么气味？”一个女孩问。“它的气味像更衣室吗？”一个黑眼睛的瘦小男孩问。

“说实话，”梅子说，“它可能闻起来很糟糕，但我们闻不出来。因为这是……我们的气味，所以我们不会注意到它。你知道自己的房间有什么气味吗？这里也是一样。你习惯了这种气味，所以你闻不到它。除了在水培走廊！在那里，我们可以闻到肥料味、珍贵的水的味道开始发芽的新植物的气味。那些气味是……”

“它们很好闻，”伊德里斯打断了梅子的话，“就像炎炎夏日的大雨，像你妈妈在你度过了学校糟糕的一天后拥抱你时的气味，像天堂的味道。在那个走廊呼吸，吸入的是我们在地球上的历史，呼出的是我们在火星上的未来。这种美妙的香味，是最接近地球的味道，我们都喜欢待在那里。”

现在，他们听到了来自加拿大魁北克某个班的孩子的问题：“你早晨是怎么醒来的？”

“醒来是最美好的，”赛义德说，“我每天都会改变闹钟的声音和投影墙上的场景。有时设置成雨声，有时设置成鸽子的叫声，有时是阿里夫合奏团（Aref Ensemble）或明尼苏达管弦乐团（Minnesota Orchestra）的旧录音，有时是一处火星景观和风声，有时是猫头鹰的叫声，或松树上的风声，或海上的波涛声。我甚至有一段我妈让我快点，不然上学就要迟到的录音！我曾试过一些爆炸式的金属音乐，但效果不太好。我把音量调大，当时我困得都忘了自己在火星上，猛地一跳，头撞到了台灯，几乎快撞到天花板了！‘火星一号’的心理医师怀疑我的黑眼圈，问我是否内心在纠结。从现在起，为了我的健康，不再用重金属音乐！”

接下来的问题来自日本京都的一个女孩：“你不想家吗？有两个男人和两个女人。你会不会感到孤独？”然后，她脸红了，“你没有谈恋爱吗？每个人都在说你的闲话。你如何处理这些事儿呢？”

伊德里斯接过话茬：“这个问题很普通。虽然全世界都很好奇，但我们仍然过自己的生活，并保持这种方式。也就是说，我

> 这不是真正的再见，只不过我们没法有身体接触了。这一点我们都能接受。一切只不过延迟了6分钟。
>
> **“火星一号”申请人**

们保护个人隐私，就像你一样。我们知道，总会有八卦和质疑。亲密和情感问题，是我们四个人私下谈论的事情，除非团队同意，否则我们不会与你分享。我们中的一些人在地球上有永远相爱的亲人和朋友，我们每天都与他们聊天和发邮件。

“人们也总是好奇在火星上的生育问题。将来总有一天，会有人在火星上生育。但这还有待时日。出于安全原因，孕妇不能离开定居点。所以，如果我们中的一个人怀孕，我们可以离开定居点的人就会减少到三个。如果其中一个人病了，那么我们就只剩两个了。在地球上，分娩过程充满风险。抚养孩子，特别是在孩子需要不断注意和监督时，也会影响团队。所以，这些事情都会在关键时刻产生影响。但是，在今后的某个时候，这里会有更多的定居者。如果一切按计划进行，6年内将有12个人。然后可能会越来越多。当空间、安全和系统更可靠时，儿童将成为我们在火星上的未来。”

梅子补充说：“你还问我们是否孤独。孤单并不意味着孤独。我们实际只有四个人。定居点外的稀薄有毒大气会瞬间毁掉我们。景色也很贫乏。冬天往往是最糟糕的，平均气温比我在威斯康星州北部的家乡还要冷。我们不能像你一样与家人随时联络；在我们与地球之间收发消息也要花点时间。所以听起来很孤独，对吧？但我们与地球有很多联系——我们在地球上有朋友，每天都和数百万人一起吃早餐。我们肯定比任何人或人类历史上的探险家，都能更多地接触家人、朋友和整个世界。可能我们接触的人比历史上任何人都多。我们感到很幸运。”

迪子接下来作了回答：“我们为此训练了10年。我们不是一个家庭。我们不喜欢大多数人都熟悉的东西。好吧，也许我们有点像一个很好的篮球队或爵士四重奏乐队，而且更灵活。我们进行综合训练，努力做好各种事情。为了来这里，我们必须证明我们是地球上最好的团队。经过10年的起起伏伏，我们彼此非常了解。当然，我们彼此亲近。我们每个人都知道什么时候支持，什么时候领导，什么时候跟随，什么时候倾听，什么时候打断，什么时候闭嘴，什么时候换位思考，什么时候摆脱别人方式的干扰。”

“‘迪子外婆’说了，”赛义德开玩笑，“对我个人而言，我要摆脱她的方式。”他手臂交叉，低下头，假装顺从的模样。

接下来的问题是圣地亚哥某个学前班的孩子。“在火星上你骑自行车吗？”一个姜黄色头发的男孩问，“我看你在太空用踏板练习器。你在火星上也可以骑车吗？”

每个人都笑了起来。“在火星上骑自行车？我们没有自行车，”迪子说，“踏板车留在太空舱上了，它一直绕着太阳转。要外出旅行的话，我们选择步行，或者用我们的‘菲多’（Fido）车。我不知道是否可以在火星上骑自行车。穿着太空服，你的膝盖无法很好地弯曲，而且，我不知道车轮能否抓住地面。还有细尘堵塞齿轮的问题。摔倒的

> 作为一个物种，我们甚至并没有真正认识自己，但我们正在努力寻找关于人类以及我们生存的这个世界的一切。探索一个完全陌生的世界，从头开始创建一个新社会，接受将会出现的日常挑战，发现新的事物，找回遗忘已久的旧事物……所有这一切将推动我努力前行。
>
> **“火星一号”申请人**

风险更大。你还要考虑轮胎中的空气压力……”这个话题让迪子陷入深思。伊德里斯拍了拍她的胳膊，把她拉回正题。

“在火星上骑自行车听起来很有趣，但现在是不可能的。”伊德里斯说。他笑容灿烂，轻轻鞠躬，挥舞双手，直播接近尾声：“本周直播到此结束。谢谢大家的问题！下周，我们将回答有关我们花园的问题。明天，我和梅子会发送视频介绍。当你看到消息后，录下你的问题，并在周一之前发送至‘火星一号’。记住，我们的工作和生活需要依赖我们的赞助商。所以请你的父母帮助我们做些力所能及的事。”

迪子的遐想被闹哄哄的交谈声打断了。“迪子，看来你很清醒，该回去了。我们必须让‘火星一号’控制中心重新安排你在钻探地点的工作。”

走回去需要 25 分钟。这段时间已足以思考……自行车了。迪子满脑都是自行车。他们能造一辆吗？用什么造？为什么？或者说为什么不呢？可以做到，迪子明白了。不需要曲柄踏板。用踏板或椭圆系统？摩擦或直接驱动……密封……一些探测车的备用零件……三轮的更好。问题和解决方案快速涌现。

把它留给 5 岁的孩子吧，迪子想。要在火星上骑自行车，要做些什么呢？她记得她第一次尝试骑自行车时，她姐姐在教她。模糊的周围环境。摔倒，爬起来，又摔倒，平衡。对，就是这样。骑得更远、更快。最后是自由和独立的奇妙感觉以及远离家乡的能力。

在火星上骑自行车。把时间和资源投入这样的计划，是愚蠢的。但是，当一个 5 岁的孩子开始把火星生活当作日常生活时，又会怎样呢？这是不是说明他们已对火星生活习以为常？

“梅子，”迪子喊道，“我快回来了。检查和清除工作大约需要 40 多分钟。但当我们等待的时候，大家一起来聊聊吧。我满脑子都是圣地亚哥那个孩子的问题。”

“我们早就知道了。赛义德已经草拟了一些计划，”梅子说，“伊德里斯在你做之前，就知道你要去哪里。这太疯狂了，不过没比来火星更疯狂。”

“这不疯狂，”迪子说，“这个想法很大胆。这是我们人类该做的。”

“你知道，当我们告诉地球我们要做什么时，他们就会开始喋喋不休地说我们浪费时间了。”梅子提醒道。

谁说他们需要知道？迪子心里想，但什么也没说。

这将是给他们的惊喜。

13

如画的世界

罗伯特·杰斯乔恩克

杰斯乔恩克对火星的热爱始于童年时代读到的大作家埃德加·巴勒斯（Edgar R. Burroughs，《人猿泰山》系列小说作者）和科幻大师雷·布拉德伯里（Ray Bradbary，《火星编年史》是其最著名的科幻作品之一）的作品，之后是著名科幻小说家金·罗宾森（Kim S. Robinson）。“好奇号”火星探测车以及“火星一号”计划，让他对探索火星的热情高涨。他撰写的《狩猎》（*Hunt*）和《未经授权的房子》（*House Unauthorized*）已被 Smart Pop 出版社《边缘科学》（*Fringe Science*）一书收录。他的科幻小说和科幻故事出现在世界各地的出版物中，包括《银河边缘》（*Galaxy's Edge*）、《时空》（*Space and Time*）和《逃生舱》（*Escape Pod*）杂志。他的小说获得了国际图书奖、美国国家文学奖和作家奖。你可以在 www.robertjeschonek.com 网站与他在线交流。

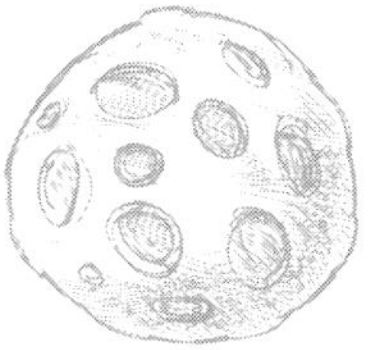

想象一下，现在是21世纪末。夜空中，火星映入眼帘，地球上的望远镜聚焦在尘土飞扬的红色表面。太阳的反射光展示了一幅来自数百万公里外的图像，数十亿观众正在屏息观赏这个惊人的历史画面。

在乌托邦平原[①]上可以看到一张人脸，它被一个看起来像古埃及法老头饰的东西框起来，刻在红色泥土上，足有数百平方米大。人手被雕刻成火星景观，只有从高空才能看清其全貌，就像秘鲁的纳斯卡线条[②]一样。

几十年前，人类以为他们在火星上看到了这样一张脸。原来不过是太阳光开的一个玩笑……但如今，火星上确实存在着一张伟大的面孔。火星移民给人类带来了传奇故事。

人们第一次可以从另一个世界看到地球上可以看到的人类

① 乌托邦平原（Utopia Planitia），是火星上最大的平原，直径3 200公里。1976年9月3日，“海盗2号”在火星上着陆并探测了该区域。——译者注

② 纳斯卡线条（Nazca Lines），位于秘鲁纳斯卡荒原上的巨大图形，用简单的线条，经复杂排列，构成鱼类、螺旋形、藻类、蜘蛛、花、蜂鸟、猴子和蜥蜴等数以百计的图形。纳斯卡线条于1939年由美国考古学家保罗·柯索（Paul Kosok）发现，是存在了2 000多年的谜案，一直无人能解。——译者注

艺术品。火星上的广阔旷野，使这一切成为可能。人类居民，也就是原来火星移民的后裔，把它变成了现实。像许多其他探险家一样，他们在一个充满各种可能性的世界中找到灵感。

他们把闲暇时间用在一种与众不同的能力上：人类的创造力。

想象一下火星移民未来某天可能取得的成就，是一件很有趣的事情。当无限的创造力遇上巨大而开放的风景，将会产生无限可能性。

但在移民火星早期，休闲活动比较乏味。在火星沙滩上绘制纳斯卡风格的人物，不会成为休闲活动的选择。

移民登陆火星的第一天，几乎不会有闲暇时间。火星移民的工作将非常忙碌，需要保证在恶劣环境中的日常生活。不可呼吸的空气、寒冷的温度、大量的太阳辐射以及缺乏液态地表水，将迫使移民主要待在室内、在气候可控的小小居住地内生活。

当移民第一次登陆火星时，建设定居点是他们要做的第一件事。虽然在移民到达之前，栖息地的可充气部件就已经被运送到了火星表面，但他们仍然需要把部件组装成可使用的居住地。从电源到内部大气、加热系统、食品生产单元还有水循环机，都需要时间来完成，才能使之正常运行。这并不容易，也快不起来，特别是由于在户外工作时要穿火星服——这种庞大的环保服类似于航天员在月球或在太空中穿的服装。

即使第一批活动过去之后，火星移民也将忙于定居点的维护。他们将把时间用于正在进行中的、改善他们生活条件的长期项目，例如从火星土壤中提取水，生产和准备食物，以及液体、垃圾和其他材料的回收和再利用。他们将努力寻找和使用替代能源，并对从机械修复到医疗等一切事物进行创新。

探索，是满足基本需求后首先要做的事情。最终，移民们将以定居基地为中心，向外扩展，探索火星表面，并在途中进行科学测试。为扩大探险范围，他们需要建立安全站，这样他们就可以在那里加油或修理车辆，从储藏地获取物资，在紧急情况下避难，并在需要时发出求援信号。

> 当然，条件会很艰苦。但自古以来，我们还没有学会在极端条件下生存吗？好奇心一直是人类在地球上生存的基础。人类总是试图去山的那一边。这次前往火星的旅程将是最终的挑战，我想参加。
>
> **“火星一号”申请人**

火星的悲伤

第一批火星移民将离家数百万公里，几乎没有回来的希望。他们将永远与亲人分离，也没有实时的音频或视频联系（由于火星与地球之间距离很远，在信号最佳的情况下，单向联系也将延迟 7 分钟）。大多数时候，他们将被限制在有限的室内空间。移民们穿着火星服，每次只能出去几个小时；他们的日常生活将在一个约 200 平方米的封闭空间中度过，很少有隐私，改变景观的机会也十分有限。

在火星上，环境贫瘠，即使最小的必需品也必须省着用，没有多少犯错的余地。思乡、孤独和各种限制，再加上在这种环境中的生存压力，不就是造成抑郁症的最佳环境吗？

一旦扎根，抑郁症可能会像稀薄的大气、残酷的温度和火星表面的太阳辐射一样，成为社区居民健康的致命威胁。生存所需的日常工作、工作过程的改进、探索相关的长期项目（更不用说睡眠的时间），大部分移民的作息时间已经被计划好了。真正的闲暇时间极为有限，但也是火星上最珍贵的活动之一，对维持移民的精神健康至关重要。在非常紧张的有限条件下，他们如何度过闲暇时光，与如何种植庄稼、维护可充气定居点的任务同样重要。

放纵，宝贝，狂欢

为充分利用闲暇时间，防止患上抑郁症，火星移民会做些什么呢？NASA 的 HI-SEAS（Hawaii Space Exploration Analog and Simulation，夏威夷太空探索仿真与模拟计划）计划提供了一次预演。

HI-SEAS 可模拟“火星一号”定居点的生活条件。志愿者团队已在夏威夷大岛的莫纳罗亚山（Mauna Loa）山坡上的圆顶基地内，生活了一段时间。像火星移民一样，他们大多被限制在室内居住点，外出时间有限，并要穿着庞大笨重的环保服。

HI-SEAS 团队执行的职责与火星移民将承担的职责非常相似，他们和“家”的联系非常有限。通信和互联网已经作了延迟设计，以阻止与基地外的世界进行实时交互。

> 对于我来说，“火星一号”代表了真正探索未知的机会，与老一代探险家非常相似。目的在于发现并学习新的东西，无论它们是什么。
>
> **“火星一号”申请人**

那么，HI-SEAS 的用户如何利用他们的空闲时间呢？他们要付出很长时间进行锻炼，来保持肌肉紧张度和骨骼密度，这是火星移民在低重力环境（约为地球正常重力的 38%）中必须做的事情。也许我们不应将运动视为一种休闲活动，因为移民们想要保持健康，就必须选择锻炼。

所以，让我们来看看那些更悠闲的休闲活动。据 HI-SEAS 项目 2014—2015 年度参与者扎克·威尔逊（Zak Wilson）所说，在太阳能发电的圆顶内，最受欢迎的休闲活动包括观看预先录制的电视节目和电影、玩棋盘游戏或读书。

> 我这一生，看过壮美的天空，读了马可·波罗、哥伦布和其他伟大探险家的航海故事，总希望自己也能找到一片新天地去看看，进行一场新的发现探险，也想有那种发现一个新地方、打开一片新视野的感觉。我认为，这个任务是那些早期先驱者的延续，体现了冒险的真正意义。
>
> **“火星一号”申请人**

非常合情合理，不是吗？当你在火星上颇受限制地度过余生时，还有什么比得上看你最喜欢的节目和书籍呢？现代娱乐中的疯狂观影、疯狂阅读和疯狂游戏，将是火星移民（在努力生存、执行科学实验和探索火星表面等活动间隔）理想的休闲活动。

但人们并不靠自娱自乐生活。火星移民最终会不会厌倦那些视频、书籍和游戏呢？当这些娱乐活动不能满足他们时，会发生什么？他们可以把空闲时间和精力投入到与地球家人的联络中。

最伟大的表演

与历史上的开拓先驱们相比，火星移民们将远离地球，在火星上开始新生活。他们将远离亲朋，且无法实时通信。然而，他们的生活注定会一直受到关注。尤其在早期，他们的巨大冒险将吸引数十亿观众，密切关注来自红色星球的最新视频和音频。

为弥补移民火星的成本，“火星一号”计划向地球观众提供实况转播的内容。火星移民将是这档节目的明星，他们的日常活动将被拍成视频，并传送回地球。

这可能会引起轰动，红极一时吗？世界各地的人们都渴望见证火星定居点的每一个新进展，而不论进展大小。这种方法将使移民们感觉与地球的联系更密切，使他们做的事情既满足任务要求，同时也很有趣。

拍摄节目将是完美的休闲活动，它无关生死的自我表达和表演。移民们将按自己的喜好，做一些严肃或搞笑的表演……这让他们尤如回到家乡。在火星生活的种种约束和危险中，这是一个很好的消遣，也是向地球人类展示这种特殊经历的一种有意义的方式。

当表演的乐趣消失时，会发生什么？任何节目的观众都是不断变化的。随着时间的推移，节目评分会因为新奇感的下降或产生疲劳感而下降。似乎不可避免的是，无论是因为火星广播已变得更普通，或其他节目或选择变得更诱人，地球观众最终将会另去别处寻找乐趣。

当观众不断变少时，移民们会不会感到越来越沮丧、孤独、失望呢？这是有可能的……希望移民们能更多地关注其他休闲活动，转移注意力，例如，用不同于真人秀那种对收视率很敏感的方式，记录他们的经历。

火星博客编年史

毫无疑问，火星移民会像 HI-SEAS 参与者一样，经常在博客上分享他们的火星生活。博客是一个理想的媒介，它不依赖于实时交互或流动式传播来传输内容。火星博客就像地球上的博客一样，可以不定时更新，并保留很长时间。

火星移民可以表达和发泄情感，火星博客将为地球上的读者提供移民们相关经历的重要公开记录。如果谁喜欢让他们的想法更保密，他们也可以保存个人日记和笔记。

除了对作者本人的治疗效果外，这样的记录也将为后代记载火星冒险的许多细节。值得关注的很多个“第一”将被记录下来，无论事情是大是小、是崇高还是可笑——从人类在另一个世界观看的第一次日落，到火星上讲的第一个笑话，一切都值得记录。

当然，其他“第一”可能不会成为公共记录。在某些时候，移民们肯定会有“成人”追求，如酒精和性，来减少无聊感，减轻压力。过去在其他一些孤独环境中，都曾有人在这些活动中过度放纵。例如，阿蒙森 - 斯科特南极考察站（Amundsen-Scott South Pole Station）的工作人员会定期酗酒，以度过漫长的冬季。

除非移民们失去控制，并对定居点构成威胁，这些活动可能不会记录在博客或日记上。在这种情况下，移民们可能不得不用闲暇时间来完成另一个对任务长远成功至关重要的“第一”：制定和实施火星法律制度，对负面行为进行惩戒和威慑。

制定和实施火星法律制度，肯定会是一个历史性的事件，但其他与娱乐有关的“第一”，也将以自己的方式引起人们的关注。无论人们到哪里去，都会有自己的缺点和相应的法律伴随他们，当然还有他们的游戏。

火星也将会有第一杆高尔夫球的开球，当然，这是艾伦·谢泼德（Alan Shepard）[①]在月球上的传统运动，其他运动一定也会出现。即便需要穿上火星服，以免受到恶劣环境的威胁，但火星移民们也会发现，运动变得轻而易举，因为火星上的重力只有地球重力的38%。

终极体育幻想

虽然，火星移民不会从地球上带去太多的额外物品，但肯定会有人在飞船上带着棒球和球棒。他们怎样才能抗拒在低重力条件下击中最终本垒打的机会呢？

虽然，火星上的棒球质量与地球上的相同，但球的重量只有地球上重量的1/3。重量的减轻将使球在被击中后比在地球上飞得更远，而且更稀薄的大气也将发挥作用。在600帕斯卡的大气压力下，火星大气压只是地球海平面平均大气压的0.6%左右。大气压较低将减少棒球在运动中的阻力，使其飞得更远。

同样的因素也适用于其他投掷物体。移民们会带来其他运动器材吗？想象一下，火星上的足球传球或者网球的一击，他们将用宝贵的休闲时间，来打破一些运动纪录。

目标射击可能是火星移民感兴趣的另一项运动，因为火星上重力较低、大气较薄，这将改变子弹的飞行姿态。火星上的子弹比地球上同一支枪发射的远多少呢？估计是8~10倍。有趣的是，开枪者还能看到击中目标时的最终结果。

---

① 作为当时年龄最大的航天员，47岁的艾伦·谢泼德于1971年1月31日第二次进入太空。2月5日，“阿波罗14号”登月舱在月球正面的弗拉·摩罗高地安全着陆，尽管厚重的航天服和手套很不方便，谢泼德还是打了两杆高尔夫球，第二杆把球打得“很远很远很远”。——译者注

地球上的观众肯定能看到这一切。最远的本垒打、足球传球和一直飞行的目标射击片段，这些可是非常吸引观众的真人秀桥段。地球上的人会非常喜欢，火星移民也会玩得很开心，同时也展示了新环境的特殊之处。

虽然，其他展示这些特征的活动也将占用他们的闲暇时间，但“有趣的科学”必然是计划的一部分。

神奇先生

多年来，国际空间站和航天飞机上的航天员已经开展了不少由学生提出构想的辅助实验，演示了太空环境中各种材料和生物的独特行为。美国国家地球和太空科学教育中心（NCESSE）、亚瑟·克拉克太空教育研究所（Arthur C. Clarke Institute for Space Education）和NanoRacks公司共同赞助的学生航天飞行实验计划（Student Spaceflight Experiments Program, SSEP），对这些实验进行审查和安排，目标是“激励并吸引美国未来一代的科学家和工程师”。

同样的实验无疑将由“火星一号”先驱者在空闲时间进行。在火星上，基于学生们提出的实验设计，移民们可以在独特的重力条件下探索晶体生长或种子发芽的状况。他们可能研究微生物的行为，看看微生物是否能在稀薄的火星大气中生存。他们也可以证明火星的特殊环境，比如低重力、低大气压、强烈的太阳辐射、寒冷的温

> 我想做一些重要的事情，我自己和我在意的那些人都会为我感到自豪。我希望，他们能自豪地说，是他们激励了我。
>
> **“火星一号”申请人**

度，对从地球带去的植物和动物细胞的生物学研究和实验的影响。

空闲时间时，实验室工作也不会结束。像之前在航天飞机和空间站上的航天员一样，移民们可能会做一些缺乏组织性的实验。秉持科学类少儿电视节目主持人神奇先生（Mr. Wizard）的精神，描绘出火星的环境特征将如何影响不同物质的属性，移民们可能会因此感到很快乐，因为所有的录制视频都将使地球上的观众受益。例如，他们可能演示火星上某些化学反应与地球上的不同。他们可能会演示如何在缺乏磁场的火星上使用罗盘，或在稀薄大气中做实验。这些“有趣的科学”训练将提供重要信息，同时也能分散精力，并能让未来的火星移民在地球上的家中和教室里观摩学习。

另一种吸引地球观众和为未来移民打下基础的有效方式，可能来自一种非常不同的休闲活动——更关心主观结果而不是客观结果的一种活动。

一切都将成为艺术

如果我们可以为某件事情打赌，那一定是：过不了多长时间，火星移民就会用颇具创造性的方式记录他们的经历。

正如人类的心灵可以被欢乐和悲伤、成功和失败、美丽和丑陋所触动，人们也试图将这些东西转化成艺术。无论是希望演绎真实的经历，接受这种情感的影响，抑或只是尽可能完整地记录事实，为未来提供参考，艺术家最终都将不得不用日常生活中的事物作为素材进行新创作。

有了第一批火星移民的生活经验，素材已经非常丰富了。作为居住在另一个世界的第一批人，他们怎能不受到启发，用创造性的方式，表达他们的独特经历呢？

根据个人才能的不同，移民们很可能有感而发，进行写作、绘画、涂鸦或作曲。这样的创造性追求，将有助于移民们承受孤独和种种约束，他们的经历也引发地球人的共鸣。

由创造力激发的这些作品，可能比从火星生活和研究得出的所有枯燥事实和观察，都能更好地记录人类的想象力。

一本诗歌佳作可以激发灵感，而技术报告却永远也做不到。一个难忘的故事，可以放飞希望和梦想，超越任何学术论文。优美的歌曲可以激励数百万人，并可能长期持续。

其他艺术形式同样拥有力量，能赢得地球观众的心，并为未来的火星任务提供支持。这些艺术形式，潜移默化地在感兴趣的人心中埋下种子，总有一天会引领他们前进，并在“火星一号”项目中发挥关键作用。

艺术与灵魂的交流方式，是事实和数字永远无法相比的。融入了火星独特生活的艺术,将以地球人从未见过的形式呈现出来。想象一下，火星定居者可以用像整个世界那样大的画布创造出什么。

艺术的野心，火星上闪烁的脸

火星艺术作品将反映火星移民独特的生活经历和火星环境条件，在整个太阳系中独此一家。早期的作品很可能会融合通过人类想象过滤后的红色星球景观——从保护性居住点和火星服中观察和感受世界的方式。散文、诗歌、绘画和音乐，将更多元、更丰富地展现火星移民的生活，并将人类的意识附加在一个永远无法与人类直接接触的环境之上。

随着火星上的生活变得更加日常，休闲活动将更加丰富，艺术创作活动将更为丰富。虽然仍需穿戴火星服才能在户外生存，但移民们将找到合适的方法，与环境进行更直接的互动，并充分利用巨大的空间和特殊的物理性质，创作更加独特的作品。

他们可能会把火星岩石雕刻成巨大的雕塑，或把它们堆叠成巨石阵般的纪念碑。纳斯卡线条或麦田怪圈风格的巨大数字或抽象设计，可以横跨整片土地。想想看，人类在另一个星球表面绘制出麦田怪圈，这有多酷？

用大片布料覆盖土地怎么样？艺术家克里斯托（Christo）和珍妮·克劳德（Jeanne Claude）在地球上做过类似的创作，在建筑物和某些景观上悬挂不同类型和颜色的布料。例如，1983 年，克里斯托和珍妮在迈阿密的比斯坎湾（Biscayne Bay）用粉红色的布料包围了 11 个岛屿。他们最新的一个作品，是用悬挂的布料覆盖了长达 10.8 公里的阿肯色河（Arkansas River）河段。也许有一天，火星移民也会做类似的事情。想象一下，蓝色的飘带在火星表面上绵延几公里，模拟早期天文学家曾相信他们从远处看到的充满水的运河……

> 到最后，人类才是真正的奇迹，我相信我们人类。作为人类，我感到自豪。我自豪地知道，“火星一号”是我们共同拥有的人类财富。被选为第一批进入并为人类开创一片新未来的人，我很荣幸。
>
> **“火星一号”申请人**

拍电影怎么样？广阔的荒凉景观将成为拍电影的理想场所。制片人和他的每一种创意都将拥有一个空旷的星球作为背景。

想象一下，那些不可思议的舞

蹈作品，可以把重力为地球重力38%的星球、红色的天空、平原和四周的山脉作为舞台。或许这需要有更时尚的新型火星服，但红色星球上的舞者可能有一天会让太阳马戏团都为之失色。

音乐家也能在独特的火星环境中开创性地工作。当古典乐曲在稀薄、成分不同的火星大气中演奏时，会是什么样子？乐器必须进行改造，才能在火星居住点室外演奏任何音调吗？想象一下，交响乐与火星大气和鸣，由火星移民组成的管弦乐队用改造过的乐器演奏，而那些声音从未有人听到过……

也许这样的音乐可以配合眩目的灯光，投射到火星地标上。有了正确的设备和电源，定居艺术家可能会受到启发，进行这类展示，用不同颜色和模式的辐射激光来照亮自然奇观。试想，在遥远的火星人的未来生活中，如果将这样的表演投射到奥林帕斯山[①]的斜坡上：

> 舞动的绿色激光器，在巨大的火山上展示了庞大的形象——塔斯·塔卡斯（Tars Tarkas），大作家埃德加·巴勒斯的巴苏姆（Barsoom）系列故事中，生来就有四条上肢、有着绿色皮肤的战士。激光闪耀，不断变换，将塔斯·塔卡斯的投影变成三脚杀人机器，在威尔士（H.G.Wells）[②]的《星际战争》中，它是入侵地球的火星人之一。

---

① 奥林帕斯山（Olympus Mons）位于火星上，是太阳系最高的火山。火山口深约3公里，顶峰高26公里，平均高度22公里，海拔是珠穆朗玛峰的3倍。奥林帕斯山位于活火山地带，数百万年来一直在增大。——译者注

② 威尔士，英国著名作家，20世纪初英国现实主义小说三大代表人物之一。他在科幻小说方面亦取得重大成就，被誉为“科幻界的莎士比亚”，代表作品有《时间机器》《星际战争》《最早登上月球的人》等，堪称科幻小说的经典之作。——译者注

此后，激光再次变幻成戴眼镜的男人的脸。这是一张熟悉的面孔，一张典型的“火星人”的脸，虽然此人从未踏上过这片红色星球。也许像所有人一样，他把火星带给了一代又一代的地球人，他的灵魂永远活在人们心中，并增强了人们的信念：要在这片红色天空下努力生存。他是一个缔造者，现代火星人用魔法向他致敬。

灯光闪烁，图像移动。激光在巨大的山坡上画出科幻大师雷·布拉德伯里的脸。他向在火星、地球以及其他闪闪发光的星星上的所有观众眨了眨眼睛，那目光尤如夜空中闪烁的钻石。

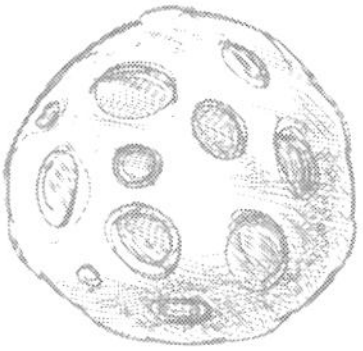

MARS ONE

附录1

“火星一号”选拔进程

第一轮选拔（2013.4—2013.12）

当2013年公布“火星一号”任务申请程序时，202 586名申请人进行了在线注册，填写了电子邮箱地址、居住国和出生日期。每个申请人还同意了这一活动涉及的法律条款和条件。

申请人在此过程中必须克服一些障碍，以承诺他们接受飞往火星的单程任务。第一是支付小额管理费，该费用根据申请人居住国国内生产总值计算。

付款成功后，申请人可以获得包括各种步骤的完整申请表，分为公共和个人两部分。公共部分，包括提交个人照片、基本个人信息和视频。视频中申请人回答了各种问题，比如说明申请原因、申请人如何描述自己的幽默感，以及申请人觉得自己能否成为火星移民的优秀候选人。个人部分包括更多个人信息以及一篇关于申请动机的文章。个人部分还需要申请人回答过去如何处理困难和压力的开放式问题。这两个部分有助于“火星一号”选拔委员会确定申请人是否了解他们正在申请什么、是否真心希望移民火星。

为继续参加选拔，申请人必须完成全部申请步骤。全部正确完成申请的总人数为 4 227 人。经全面审查后，选拔委员会选择了来自世界各地的 1 058 名申请人进入第二轮选拔。

第二轮选拔（2014.1—2015.2）

在第二轮选拔中，其余 1058 名申请人必须自行进行体检，然后将医生签名确认的体检证明提交给选拔委员会。这次体检与 NASA 和欧洲空间局要求的非常相似，包括申请人的血常规和尿检参数；裸眼或矫正视力；与年龄和性别相符的一般健康水平；BMI 指数小于 30；坐姿情况下，血压不超过 140/90；无药物依赖；所有关节能执行全范围运动和功能（体检的好处之一是，有些人被告知需要治疗）。

进入第二轮的 1058 名申请人中，660 人成功完成体检，获得了医生批准，并被邀请参加面试。这个简短（平均每人 15 分钟）而细致的结构化视频面试，旨在筛选出那些不太满足火星移民其他要求的申请人。这次面试访谈包括这次任务的整体使命、申请人的团队合作经验以及家庭支持的开放式问题，并未提及申请人要从官方网站学习材料中学习的知识。申请人提前一个月收到来自官方网站的面试信息，每个申请人有两个月的时间来选择参加面试的日期和时间。

知识性问题不仅有助于确定申请人是否认真对待该项目，而且如果此人是一名强大的学习者，那他可以检索、储备和应用不同知识（这对火星移民来说必不可少）。所选择的材料，还有助于确保申请人真正了解火星任务所涉及的危险和风险。他们被要求记住事实，例如他们将暴露于多少辐射中，需要多少避护所，储备水源和氧气将能维持多长时间，以及可以关闭或限制哪些非关键系统，以节省能量。

开放式面试问题还有助于确定申请人是否可能是一名优秀的团队成员。例如，“告诉我你生活中的一个故事，能显示你给团队带来独特而宝贵的品质”或“在火星待了三年后，可能有机会返回地球，你会回来吗”，旨在判断申请人是否真的将团队放在第一位。为进一步确定为移民火星、服务人类的意志和严肃性，申请人还被要求回答以下问题：“在明知无法返回地球的情况下，你仍然决定申请移民火星。你为什么作出这个决定？”

2015 年 2 月，在第二轮 660 名申请人中，有 100 人被选中进入第三轮。

第三轮选拔：工作进行中

从这个里程碑开始，选拔和培训活动将全程被拍摄，供全球观众观看。

在第三轮，100 名申请人将最终被削减至 24 人。最后 24 人将获得正式的全职就业机会，以便参加火星任务训练。接受条件的人将开始为期 10 年的培训计划，分为 6 个 4 人小组。10 年可能发生很多事情：一些参与者可能表示看不到希望，还有人可能会退出该计划，因此选拔委员会将在整个培训期间继续筛选申请人。记住，参与者只有坐上了离开地球的火箭，才算真正能参加火星旅行。每 2~3 年，将启动新的选拔轮次以壮大火星移民队伍。

火星 100 人：团队挑战 I

进入第三轮选拔的 100 名候选人，将在选拔委员会选择的地点集合。为了让他们更好地相互了解，这 100 名候选人将首先自行选择队员,共分成 6~10 个小组,每组 10~15 个成员。他们将根据提示，与他们认为能很好地共同工作的人分在一组，但每个团队需在年龄、国籍和种族方面尽可能多样化，并由相等数量的男性和女性组成。

选拔委员会将进行团队动态挑战，并提供与挑战相关的研究材料，以观察候选人如何在团队环境中工作。候选人如何组成团队?作为一个团队，他们解决问题的方式有什么优势?每个候选人如何处理面对挑战时不可避免的冲突?在这一过程中，每个人会暴露自己的性格缺点。选拔委员会成员将观察所有这些行为，随后向候选人汇报。每天将有 10~20 名候选人被淘汰。

这一过程将在 5 天内完成，根据观察结果，选拔委员会能将潜在候选人从 100 人减少到 40 人。

火星 40 人：隔离挑战 I

之后，通过团队动态挑战的 40 名候选人，将开始为期 9 天的隔离。但首先，他们必须填写一份涉及他们个人和生活偏好的广泛问卷。

在长期航行及今后生活在永久定居点时，每一个人都会对他人造成影响。这意味着小事情也可能变得很重要，例如，地板上的脏袜子会影响他人，留在水池里的脏盘子或刺鼻的体味也会影响他人。一些成员会在这个阶段被淘汰，有些成员则可能比其他人配合得更好。寻找最相配的 4 人组合，对火星移民任务的成功至关重要。

在隔离单元中，40 名候选人将按照事先准备好的研究材料进行测试。研究材料与最后一组挑战有关，涵盖对团队矛盾、紧急情况和团队决策的测试，以及对当前政治议题的讨论。候选人也将自己种植食物，并进行食品制作，体验式学习是最后 24 名候选人未来

10 年训练的重要组成部分。隔离测试将把候选人从 40 名减少到 30 名，然后，他们将接受火星定居者的适应性面试（MSSI）。

火星 30 人：火星定居者适应性面试

MSSI 的目的是测试候选人是否适合长期太空任务和定居火星。MSSI 包括但不限于以下主题：团队合作和团队生活技能、动机、家庭问题，在压力和特殊工作条件下的表现、判断和决策能力。面试会持续 4 个小时，并将全程录像，以供选拔委员会分析。最终从这 30 名候选人中选出最后 24 人，并提供全职工作，开始参与任务培训。

最后 24 人：综合培训

最后 24 名候选人的培训将包括第一阶段的技术培训和第二阶段的个人与团队训练。

第一阶段：技术培训

第一阶段将培训所有成员熟练使用和修理所有设备，以辨别并解决技术问题。此外，所有成员将接受全面的医疗培训，以治疗慢性、急性疾病和关键的健康问题。至少两名成员将研究火星和建筑工程地质，两名成员将学习太空生物学方面的专业知识，这涉及外星环境对生物的影响。此外，24 名候选人都将学习法律和政治学。

第二阶段：个人与团队训练

第二阶段为模拟任务。期间，24 名候选人将参加模拟练习，为火星任务的真正使命做准备。模拟环境将与火星环境高度相似。航天员在每年的训练中也会用几个月时间参加这些模拟任务。

选拔委员会成员要求

选拔候选人需要具备高水平的专业知识，因为候选人来自世界各地，并将承受飞往火星的漫长旅程，在那里度过余生。因此，选拔委员会成员必须具备对不同文化的理解能力，拥有多年与航天员、极端环境和（最重要的）孤立环境下的工作经验。选拔委员会成员必须满足以下强制性的最低要求：

- 学位：硕士、博士或同等学力。
- 作为第一作者发表过经过同行评议的载人航天领域（长期太空飞行 / 群体动力学）的著作。
- 在载人航天领域（群体动力学 / 长期航天 / 医学 / 心理学 / 心理生理学）工作 15 年以上的专业经验。
- 与来自不同大陆的航天员或候选人工作 15 年以上的专业经验。
- 与来自不同航天机构现任航天员的合作经验。
- 为不同空间机构工作的经验。
- 使用隔离室或等同物进行实验的主要研究者。

要满足的附加要求如下：

- 有积极参与国际空间站或相似机构载人航天飞行任务的经历。
- 航空航天协会颁发的奖项。

当前选拔委员会成员

诺伯特·克莱弗特，首席医疗官（美国）

雷伊·卡斯教授，博士，顾问（加拿大）

詹姆斯·R. 卡斯，博士，顾问（荷兰）

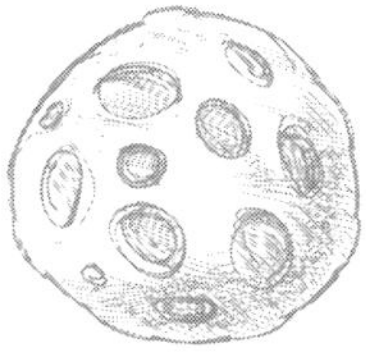

MARS ONE

附录2

“火星一号”候选人图鉴

候选人在申请书上列出的职业包括以下内容：

出版商
喜剧演员
结构工程师
项目风险评估专家
教师
牙科医生
厨房帮工
公务员
人类学专业学生
物理专业博士生
勘探地质学家
办公室经理
电视制片人
客户经理
技术人员
服装业员工

裁缝
机电专业研究生
首席技术官
网络管理员
体育营销专家
太阳能监控软件技术员
物理学家
图形艺术家
全科医生
物理专业研究生
天文专业博士生
科研实验室技术员
系统集成经理
天体物理学家
考古学家
物流经理

空间科学专业学生
研发工程师
软件开发人员
生物学家
建筑师
人口普查数据收集经理
医学专业博士生
厨师
建筑项目经理
网站管理员
收银员
作家
国际金属资源 CEO
应急管理专员
市场营销专家
经济学专业研究生
地质学家
高分子化学专业博士生
粒子物理学家
健身教练
记者
地理学家
舞蹈教师
太空工程师
商店经理
编辑
预备役军人
芭蕾舞编导
技术支持
科学论文语言编辑
量子力学研究助理
高科技研究者
演员
航天工程师
数据架构师
养蜂人
火星科学实验室机器人项目科学家
辐射健康物理学家
卫生管理人员
卫星发射经理
项目协调员
高级行政助理
土木工程师
防洪人员
电影放映员
国防大学学生
外联部经理
急诊医学专业医师
石油地质学家
设计师
数据分析师

人因系统工程师
服装设计师
护理学博士生
政治顾问
教育创业者
法学专业研究生
物理专业研究生
副经理
量子生物学家

表 a-1　　100 名候选人年龄分布情况

年龄分布（岁）	总计（100 人）	男性（50 人）	女性（50 人）
＜26	16	7	9
26~35	48	24	24
36~45	23	13	10
46~55	11	5	6
＞55	2	1	1

注：最小 20 岁，最大 61 岁。

表 a-2　　100 名候选人学历情况

按最高学历划分	总计（100 人）	男性（50 人）	女性（50 人）
无学历	21	14	7
专科	2	1	1
学士	37	18	19
法学学位	1	0	1
硕士研究生	29	12	17
医学学位	4	1	3
博士研究生	6	4	2

表 a-3　　100 名候选人所在大洲分布情况

国籍所属大洲	总计（100 人）	男性（50 人）	女性（50 人）
非洲	7	5	2
北美洲	39	17	22
南美洲	3	1	2
亚洲	16	7	9
欧洲	28	17	11
大洋洲	7	3	4

表 a-4　　100 名候选人所在地区分布情况

按国籍所属分区	总计（100 人）	男性（50 人）	女性（50 人）
北非	1	1	0
南非	5	3	2
西非	1	1	0
北美	39	17	22
南美	3	1	2
东亚	4	1	3
东南亚	3	1	2
南亚	8	5	3
西亚	1	0	1
东欧	9	2	7
北欧	7	4	3
南欧	6	5	1
西欧	6	6	0
澳大利亚和新西兰	7	3	4

表 a-5　　100 名候选人国籍情况汇总

候选人国籍	总计（100 人）	男性（50 人）	女性（50 人）
奥地利	1	1	0
澳大利亚	7	3	4
玻利维亚	1	0	1
巴西	1	0	1
加拿大	4	1	3
瑞士	1	1	0
中国	2	1	1
捷克	1	0	1
德国	2	2	0
丹麦	1	1	0
埃及	1	1	0
西班牙	2	2	0
法国	1	1	0
大不列颠及北爱尔兰联合王国	4	1	3
格鲁吉亚	1	0	1
克罗地亚	1	1	0
爱尔兰	1	1	0
印度	4	2	2
伊朗	3	2	1
意大利	1	1	0
日本	2	0	2
尼日利亚	1	1	0
挪威	1	1	0
菲律宾	2	0	2
巴基斯坦	1	1	0

续前表

候选人国籍	总计（100人）	男性（50人）	女性（50人）
波兰	3	2	1
罗马尼亚	1	0	1
塞尔维亚	1	0	1
俄罗斯联邦	4	0	4
乌克兰	1	1	0
美国	36	17	19
乌拉圭	1	1	0
越南	1	1	0
南非	5	3	2

共计 34 个国家。

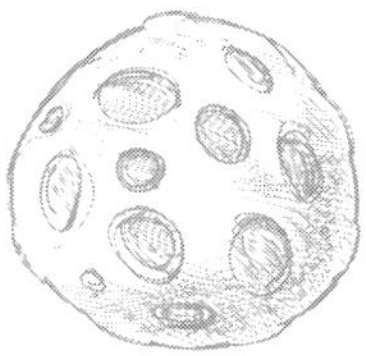

致谢

编者在此感谢所有被引用过言论的“火星一号”候选人，包括为第 6 章提供想法的候选人：Dan Carey、Ethan Dederick、Yuri Rafael Lopez Farias、Reginald Foulds、Laurel Helene Kaye、Mead McCormick、Dianne McGrath、Elaheh Nouri、Sue Ann Pien、Jaymee Orillosa Del Rosario、Etsuko Shimabukuro、Dr. Bhupendra Singh、Anastasiya Stepanova、Kay Radzik Warren。很遗憾，我们没有时间联系更多候选人。相关访谈由“火星一号”交流作家文森特·海曼负责，他还写了一篇访谈录。

编者还要感谢 BenBella Books 出版社的主编 Leah Wilson 和制片人 Jessika Rieck，感谢他们在本书从草稿到最终稿的整个过程中，充满耐心地辛勤工作。

感谢《科技评论》(*Technology Review*)杂志的高级编辑、《发现》杂志科幻栏目“Science Not Fiction”的创始编辑 Stephen Cass。感谢他对众多技术知识见解深刻的建议和反馈。

万分感谢“火星一号”传播总监 Suzanne Flinkenflögel，她的专业知识和丰富的技术支持促成了此书的出版。

感谢插画师 Bryan Versteeg，他负责“火星一号”网站上的所有插图和动画以及本书中使用的火星基地图片。还要感谢 Olga

Panifilova，她为本书第 4 章中设计并创作了新闻稿和广告图片。

最后，编者要特别感谢“火星一号”计划的共同创始人兼首席技术官 Arno Wielders，以及共同创始人兼首席执行官 Bas Lansdorp。他们对科学和太空探索满怀热情，希望拓展人类的生存范围。如果没有他们的不断创新和坚强意志，那么这本书只会留在编者的脑海中了。正是因为他们对未来可能性的远见，才有了这本书。

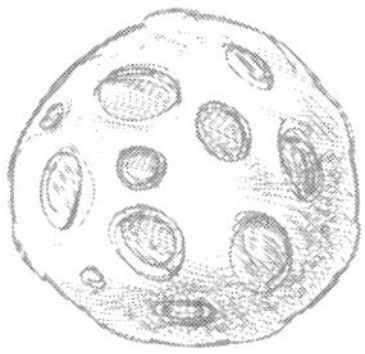

译者后记

“火星一号”是一个由民间发起的新兴太空项目，一经提出，就面临诸多质疑和挑战，因为没人相信它能成功实施。在接受翻译任务之前，我们和很多人一样，抱有类似的想法，内心也忐忑不安。但在阅读《火星移民指南》的英文原版书后，我们就深信，这本书值得推荐给中国的读者，因为迄今为止，还没有人从这样的角度来考虑火星移民。

《火星移民指南》并不是由一位或几位作者写成的，而是由众多参与“火星一号”项目的科学家、火星移民候选人代表的所感所想共同创作而成的。每个人都从自己的专业角度，对火星移民过程中可能涉及的问题，进行了深刻思考，并提出了独特的见解。内容涉及火星移民所需的科学、技术和工程问题，小团体内部处理人际关系和应对矛盾冲突的方法和能力，火星移民选拔过程全程录像可能造成的后果，未来在火星上的日常生活等方方面面的问题。因此，这本书涉及的学科知识，至少包括行星科学、航天技术、建筑学、传播学、心理学、社会学、法学、政治学、经济学等。这也意味着，翻译这本书给我们原有的知识体系带来了很大挑战。

尤其让我们印象深刻的，是每位报名参加“火星一号”计划的申请人，在明知将远离家人，一去不返的时候，表达出了对家人、朋友和地球母亲的留恋，对未知世界的好奇心，对创造新世界的渴望，对为人类开拓未来的勇气……这种精神，恰恰是人类社会生生不息的蓬勃动力，是人类区别于其他物种的特有品质。

尽管由于作者迥异，每一篇文章的风格差异很大，但作为一部科普书，每一篇文章的叙述都非常直接，文字表述也十分精练。当然，其中仍然会有一些专业术语和专有名词。本着让所有人都能读懂的初衷，我们在翻译过程中增加了不少注释，希望能提升读者阅读的流畅感，感受到阅读此书的乐趣。我们从普通读者的角度，选取了阅读过程中可能会让人不甚了解的专业术语，在查阅大量资料的基础上写成注释。这里可以悄悄剧透一下我们的翻译技巧：在翻译有关电视真人秀的一章时，为了更好地理解辛迪的参赛经过，我们还特意去补看了美国版《极速前进》第 19 季，方才体会到作者撰写第 8 章时的心路历程。

曾经，火星是人类仰望星空时的红色战神，移民火星如神话般遥不可及。曾经，火星是科幻作家们驰骋想象力的重要场所，在他们的笔下，涌现出丰富多彩的火星人、火星运河、火星社会。而今，随着 40 多次火星探测任务的实施，火星已经成为太阳系中除地球外，人类了解最为透彻的行星。我们也已经知道，火星是太阳系中与地球最为相似的行星，也是唯一有可能实现大规模移民的星球。移民火星从曾经的遥不可及，到现在仅有一步之遥。

移民火星将是人类历史上最庞大的太空任务，也将是改变人类历史的重要事件，它将真正开启人类跨星球生活的伟大蓝图。我们相信，未来 20 年，人类将首次登陆火星；未来 50 年，我们在火星上将建立一个有上千人口的小镇；未来 100 年，火星上将出现有上百万人生活的城市；未来 1 000 年，人类将把火星改造成另一个地球。

每个人心中都有一片星空。“火星一号”的星际旅行能否成行，我们尚不得而知，但这种勇于探索和实践的精神，值得每一个人尊重。我们并不奢望能成为第一批火星移民，但我们希望在青少年心中播下这颗希望的种子。

读完《火星移民指南》，你会对“火星一号”有更全面的了解，或许也会对移民火星充满希望，并为之付出一生的努力。希望每一位读到此书的人，都能在脚踏实地的同时，仰望星空。而当你看到夜空中那颗红色行星时，也一定会心潮澎湃，思绪万千。

最后，感谢朱永超、班超、胡国平、付晓辉对翻译本书的付出，他们的建议与专业知识让本书中文版更为完善。

郑永春，门雪洁
2017 年 7 月 1 日于北京
中国科学院国家天文台

未来，属于终身学习者

我这辈子遇到的聪明人（来自各行各业的聪明人）没有不每天阅读的——没有，一个都没有。巴菲特读书之多，我读书之多，可能会让你感到吃惊。孩子们都笑话我。他们觉得我是一本长了两条腿的书。

——查理·芒格

互联网改变了信息连接的方式；指数型技术在迅速颠覆着现有的商业世界；人工智能已经开始抢占人类的工作岗位……

未来，到底需要什么样的人才？

改变命运唯一的策略是你要变成终身学习者。未来世界将不再需要单一的技能型人才，而是需要具备完善的知识结构、极强逻辑思考力和高感知力的复合型人才。优秀的人往往通过阅读建立足够强大的抽象思维能力，获得异于众人的思考和整合能力。未来，将属于终身学习者！而阅读必定和终身学习形影不离。

很多人读书，追求的是干货，寻求的是立刻行之有效的解决方案。其实这是一种留在舒适区的阅读方法。在这个充满不确定性的年代，答案不会简单地出现在书里，因为生活根本就没有标准确切的答案，你也不能期望过去的经验能解决未来的问题。

湛庐阅读APP：与最聪明的人共同进化

有人常常把成本支出的焦点放在书价上，把读完一本书当做阅读的终结。其实不然。

时间是读者付出的最大阅读成本
怎么读是读者面临的最大阅读障碍
“读书破万卷”不仅仅在“万”，更重要的是在“破”！

现在，我们构建了全新的“湛庐阅读”APP。它将成为你“破万卷”的新居所。在这里：

- 不用考虑读什么，你可以便捷找到纸书、有声书和各种声音产品；
- 你可以学会怎么读，你将发现集泛读、通读、精读于一体的阅读解决方案；
- 你会与作者、译者、专家、推荐人和阅读教练相遇，他们是优质思想的发源地；
- 你会与优秀的读者和终身学习者为伍，他们对阅读和学习有着持久的热情和源源不绝的内驱力。

从单一到复合，从知道到精通，从理解到创造，湛庐希望建立一个“与最聪明的人共同进化”的社区，成为人类先进思想交汇的聚集地，共同迎接未来。

与此同时，我们希望能够重新定义你的学习场景，让你随时随地收获有内容、有价值的思想，通过阅读实现终身学习。这是我们的使命和价值。

湛庐文化 Cheers Publishing
a mindstyle business 与思想有关

湛庐阅读APP玩转指南

湛庐阅读APP结构图：

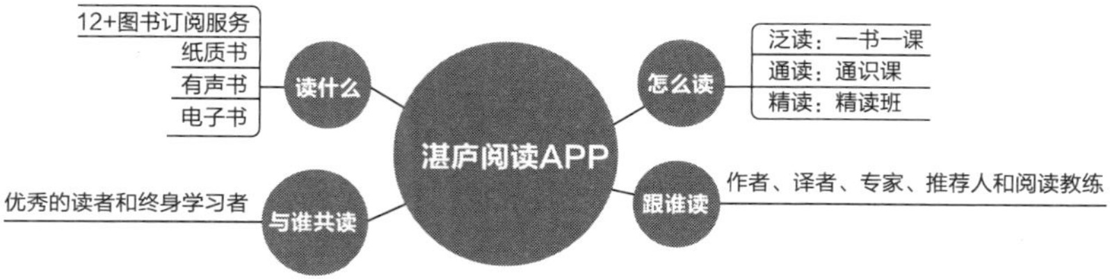

三步玩转湛庐阅读APP：

读一读 ▼

湛庐纸书一站买，
全年好书打包订

听一听 ▼

泛读、通读、精读，
选取适合你的阅读方式

扫一扫 ▼

买书、听书、讲书、
拆书服务，一键获取

APP获取方式：

安卓用户前往各大应用市场、苹果用户前往APP Store
直接下载"湛庐阅读"APP，与最聪明的人共同进化！

使用APP扫一扫功能，
遇见书里书外更大的世界！

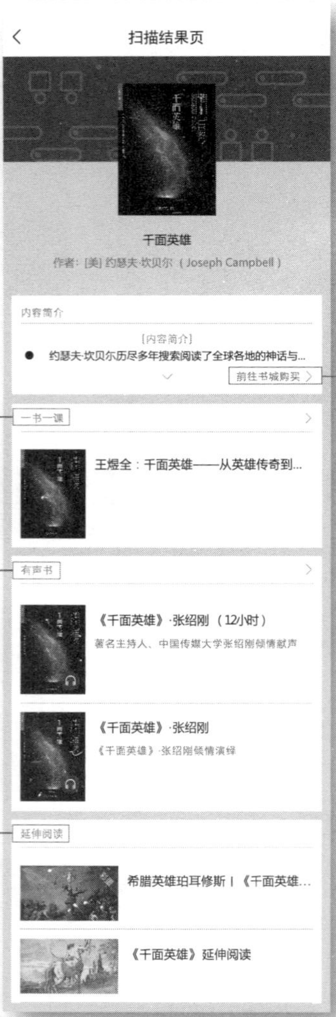

快速了解本书内容，
湛庐千册图书一键购买！

大咖优质课、
献声朗读全本一键了解，
为你读书、讲书、拆书！

你想知道的彩蛋
和本书更多知识、资讯，
尽在延伸阅读！

湛庐文化 Cheers Publishing
a mindstyle business 与思想有关

延伸阅读

《叩响天堂之门》

◎ 理论物理学大师丽莎·兰道尔“宇宙三部曲”——一本书读懂宇宙求索的漫漫历程。

◎ 为什么我们要耗巨资建造史上最大型的科学仪器大型强子对撞机？宇宙万物的真相如何向我们徐徐展开？

使用“湛庐阅读”APP，
“扫一扫”获取本书更多精彩内容

ISBN 978-7-213-07659-6
9 787213 076596 >

《弯曲的旅行》

◎ 理论物理学大师丽莎·兰道尔“宇宙三部曲”——一本书读懂神秘的额外维度。

◎ 宇宙有哪些奥秘？宇宙隐藏着与我们想象中完全不同的维度吗？我们将怎样证实这些维度的存在？

使用“湛庐阅读”APP，
“扫一扫”获取本书更多精彩内容

ISBN 978-7-213-07565-0
9 787213 075650 >

《暗物质与恐龙》

◎ 理论物理学大师丽莎·兰道尔“宇宙三部曲”—— 一本书读懂暗物质以及恐龙灭绝背后的秘密。

◎ 暗物质是什么？它是如何让昔日的地球霸主恐龙毁灭的？

使用“湛庐阅读”APP，
“扫一扫”获取本书更多精彩内容

ISBN 978-7-213-07726-5
9 787213 077265 >

湛庐文化 Cheers Publishing
a mindstyle business 与思想有关

延伸阅读

《星际穿越》

使用“湛庐阅读”APP，
“扫一扫”获取本书更多精彩内容
ISBN 978-7-213-06685-6

◎ 天体物理学巨擘，引力波项目创始人之一，同名电影科学顾问基普·索恩巨著，媲美霍金《时间简史》。

◎ 国家图书馆“第十一届文津奖”获奖图书。

《时间重生》

使用“湛庐阅读”APP，
“扫一扫”获取本书更多精彩内容
ISBN 978-7-213-07852-1

◎ 新时代的爱因斯坦，加拿大圆周理论物理研究所创始人之一，圈量子引力论创始人李·斯莫林颠覆世界之作。

◎ 我们现在如何理解时间，决定了我们如何思考未来。种种美妙的意外，皆源于时间的惊涛骇浪！

《穿越平行宇宙》

使用“湛庐阅读”APP，
“扫一扫”获取本书更多精彩内容
ISBN 978-7-213-07980-1

◎ MIT 物理系终身教授，平行宇宙理论世界级研究权威迈克斯·泰格马克近 30 年科学追索，一部让你脑洞大开的宇宙学之作！

◎ 一场关于现代宇宙学的盛大巡礼。关于平行宇宙的所有脑洞，这一本就够了！

图书在版编目（CIP）数据

火星移民指南 /（美）克莱弗特，（荷）卡斯，（加）卡斯编著；郑永春，门雪洁译 .— 杭州：浙江人民出版社，2017.7

ISBN 978-7-213-08164-4

Ⅰ . ①火… Ⅱ . ①克… ②卡… ③卡… ④郑… ⑤门… Ⅲ . ①科学知识 – 普及读物 Ⅳ . ① Z228

中国版本图书馆 CIP 数据核字（2017）第 168855 号

浙 江 省 版 权 局
著作权合同登记章
图字：11-2017-147 号

上架指导：科普读物 / 宇宙天文

火星移民指南

［美］诺伯特·克莱弗特 ［荷］詹姆斯·卡斯 ［加］雷伊·卡斯 编著
郑永春 门雪洁 译

出版发行：浙江人民出版社（杭州体育场路 347 号 邮编 310006）
市场部电话：（0571）85061682 85176516
集团网址：浙江出版联合集团 http://www.zjcb.com
责任编辑：朱丽芳
责任校对：杨 帆 张志疆
印 刷：河北鹏润印刷有限公司
开 本：880mm × 1230mm 1/32 印 张：9.75
字 数：217 千字 插 页：2
版 次：2017 年 7 月第 1 版 印 次：2017 年 7 月第 1 次印刷
书 号：ISBN 978-7-213-08164-4
定 价：69.90 元